# O DIVINO
# EM NÓS

Dados Internacionais de Catalogação na Publicação (CIP)
(Câmara Brasileira do Livro, SP, Brasil)

Grün, Anselm
  O divino em nós / Anselm Grün, Leonardo Boff ; tradução de Markus A. Hediger. – Petrópolis, RJ : Vozes, 2017.

  Título original: Das Göttliche in uns.
  ISBN: 978-85-326-5490-8

  1. Deus – Existência 2. Espiritualidade 3. Fé 4. Seres humanos 5. Universo I. Boff, Leonardo. II. Título.

17-03972                                              CDD-248.4

Índices para catálogo sistemático:
1. Divindade : Espiritualidade : Cristianismo    248.4

ANSELM GRÜN
LEONARDO BOFF

# O DIVINO EM NÓS

© 2017, Editora Vozes Ltda e
© Vier-Türme GmbH,Verlag, 97359 Münsterschwarzach Abtei.

Direitos de publicação em língua portuguesa:
Editora Vozes Ltda
Rua Frei Luís, 100
25689-900 Petrópolis, RJ
www.vozes.com.br
Brasil

Todos os direitos reservados. Nenhuma parte desta obra poderá ser reproduzida ou transmitida por qualquer forma e/ou quaisquer meios (eletrônico ou mecânico, incluindo fotocópia e gravação) ou arquivada em qualquer sistema ou banco de dados sem permissão escrita da editora.

**CONSELHO EDITORIAL**
**Diretor**
Gilberto Gonçalves Garcia

**Editores**
Aline dos Santos Carneiro
Edrian Josué Pasini
Marilac Loraine Oleniki
Welder Lancieri Marchini

**Conselheiros**
Francisco Morás
Leonardo A.R.T. dos Santos
Ludovico Garmus
Teobaldo Heidemann
Volney J. Berkenbrock

**Secretário executivo**
João Batista Kreuch

*Editoração*: Gleisse Dias dos Reis Chies
*Diagramação*: Victor Mauricio Bello
*Revisão gráfica*: Nilton Braz da Rocha
*Capa*: Douglas Lucas
*Ilustração de capa*: Nathan Anderson

ISBN 978-85-326-5490-8

Editado conforme o novo acordo ortográfico.

Este livro foi composto e impresso pela Editora Vozes Ltda.

# Sumário

*Prefácio* – Em nós, o Divino e o Divino em nós!, 9
Volney J. Berkenbrock

*Introdução*, 15
Anselm Grün

PARTE I – O divino no humano, 21
Anselm Grün

1 O desejo do encontro com Deus como pessoa, 23

2 Deus em nós – O nascimento de Deus no ser humano, 31

3 O divino como poder curador dentro de nós – O Espírito Santo, 41

4 O divino que nos une a nós mesmos, 51

5 O divino como espaço do silêncio em mim, 57

6 O divino como amor, 65

7 Transparência – Transcendência e imanência, 79

*Conclusão*, 87

*Literatura*, 89


PARTE II – O divino no universo, 91

Leonardo Boff

1 As várias etapas do surgimento do universo, 93

2 Tudo no universo é relação e está interligado, 99

3 O nosso lugar dentro da cosmogênese, 105

4 Fonte Originária de todo Ser, 109

5 Como Deus surge de dentro do universo, 113

6 Uma pré-condição para perceber Deus no universo: o resgate da razão sensível, 121

7 Quais nomes devem ser dados à emergência de Deus na cosmogênese, 125

8 Tudo em Deus e Deus em tudo, 129

9 Deus-relação: razão da universal relação de todos com todos no universo, 133

10 O Cristo emergindo das energias e da matéria do universo, 137

11 O Espírito que sempre faz brotar o novo, 141

12 O encontro com o Deus sem nome, 145

*Conclusão* – O Deus *intimior intimo meo*: o Deus da minha mais profunda interioridade, 155

*Textos do autor sobre o tema*, 165

# Prefácio

*Em nós, o Divino e o Divino em nós!*

O Divino em Nós! O que nos vem à mente quando lemos este título? Podemos pensar em três coisas: no *em nós*, no Divino e no Divino em Nós!

Vamos por partes!

Que tamanho tem este *em nós*? Em princípio o tamanho que lhe quisermos ou conseguirmos dar. Vemos no termo *em nós* geralmente algo ligado ao ser humano. Tanto individual quanto comunitariamente. Por vezes, ao usarmos esta expressão estamos pensando individualmente, pensando somente *em mim*, mas por estilo de linguagem falamos um *em nós*. Se não pensarmos individualmente, quem incluímos se este *em nós* for pensado de forma plural? *Em nós* como parceiros? *Em nós* como família? *Em nós* como comunidade? *Em nós* como habitantes de uma cidade ou país? *Em nós* como fiéis de uma determinada religião? *Em nós* cidadãos do mundo? *Em nós* como comunidade de viventes? Ou *em nós* como existências no universo? Assim, o tamanho do *em nós* depende de quem se quer incluir. Depende de quem se pensa ser vizinho o suficiente para caber no *em nós*. Depende da consciência que temos sobre com quem dividimos a existência em cada situação; depende da decisão de com quem queremos dividir a existência em cada situação. O *em nós* é uma consciência, uma vontade e uma decisão! Por isso o *em nós* tem um tamanho: o tamanho da nossa consciência, da nossa vontade e da nossa decisão. E tanto na sua grandiosidade como na sua pequenez! Não se trata aqui – de forma alguma – de avaliar moralmente o *em nós*. Ele pode ser pleno ou vazio em qualquer tamanho.

Que alcance tem o Divino? Pode ter um alcance da fé. Da fé em um Deus único. Da fé em um único Deus. Da fé no cultivo de uma divindade particular. Ou da fé em muitos deuses. Da fé em deuses locais ou deuses que atuem em alguma especialidade dos sentimentos ou das estações do ano. A história das religiões conhece a fé em muitas formas e compreensões de divindade. De divindade como força propulsora da existência a divindade cerceadora ou controladora; de divindade iniciadora ou criadora do todo a divindade escatológica do fim dos tempos, passando por divindade que acompanha o desenvolver da existência. Há divinos eternos e sós, bem como divinos finitos e acompanhados. Há divinos próximos e aconchegantes; há divinos distantes e frios. Longa seria a lista dos imaginários e das crenças em torno do divino. Mas ele não é somente ligado à religião. Além do divino personificado das crenças, o qualificativo divino também se atribui para indicar algo bom, benfazejo, belo ou desejável. Quando algo é bom, muito bom, acima da expectativa, é simplesmente divino! Quando dizemos que algo é divino há uma certa compreensão de que isto é uma presença ou uma força que ultrapassa os limites.

E como pensar o divino em nós? Isto pode ter toda a amplidão de entender o *em nós*, bem como todos os imaginários em torno do divino. Pensar o divino em nós é pensar o conceito de a totalidade poder estar transpassada por uma força ou presença que dá ao todo, desde a menor amplitude até o infinito, um tom unificador. É exatamente a intuição antiga do pensamento humano quando diz universo. É a compreensão de que a existência é um todo, forma uma única totalidade que a tudo abarca. Este desafio de pensar assim e compreender assim já o assumiram muitas ciências: da Astrofísica à Cosmologia; do estudo dos elementos químicos ao das velocidades e movimentos, passando pelos pré-requisitos para que haja vida em qualquer lugar do universo. Muitas são as ciências que têm como pressuposto a existência de uma unidade do todo, de que há uma lógica que rege o todo e o mantém unido. Quem certamente de forma mais explícita e clara propõe a ideia de uma realidade que a tudo unifica são as religiões. Assim, por exemplo, nas tradições abraâmicas se crê no Deus único, princípio e fim de todas das coisas; nas tradições hindus se fala em Brahman, como a denominação da realidade una; no budismo, a totalidade é vacuidade, pois todas as coisas experimentadas são passageiras e desprovidas de permanência. A consciência desta unidade e ao mesmo tempo a forma de exprimir esta convicção foi e é muito diversificada no tempo e nas áreas do conhecimento. Mas sempre foi um fascínio para o humano pensar sua condição como parte de uma totalidade. Totalidade esta que vai desde o mais íntimo de seus pensamentos e sentimentos até o mais longínquo alcance de sua imaginação e conhecimento.

Anselm Grün e Leonardo Boff vão se inserir aqui nesta rica tradição de pensar a relação do ser humano com a totalidade a partir da ideia do divino que tudo perpassa: o divino em nós! A questão dos dois pensadores não é, entretanto, argumentar por uma totalidade que a tudo alcança, costura e unifica. Este desafio muitos outros já o tomaram e pensaram. Para Grün e Boff a questão central é como pode o humano sentir-se nesta unidade do divino em nós. E cada autor toma este desafio a partir de um ponto de vista distinto: o monge beneditino Anselm Grün irá falar a partir da presença do divino sentida como força no mais íntimo do ser humano: como força que unifica, que cura, que faz o humano amar e transcender as solidões. O teólogo Leonardo Boff irá falar a partir da presença do divino no universo: como força criadora que tudo gera, que tudo interliga, que tudo relaciona e tudo sustenta. O divino se mostra presente em cada partícula que forma o universo e, como energia, faz tudo sempre brotar de novo.

Estar diante deste mistério presente desde o mais íntimo do ser humano até a imensidão do universo, deste mistério inominável, mas perceptível, é um convite à existência no maravilhamento. Assim, para além do sentimento de pertença a uma totalidade unificada, a reflexão dos autores mostra o desafio de viver a partir da certeza de que somos um com o todo. E conseguir viver tomado pela experiência da totalidade é inverter o título da obra: não mais "O Divino em Nós", mas sim "Nós no Divino!"

*Volney J. Berkenbrock*[*]
16/04/2017 – Festa da Páscoa da Ressurreição

---

[*] Doutor em Teologia pela Friedrich-Wilhelm-Universität (Bonn, Alemanha). Professor do Departamento de Ciência da Religião da Universidade Federal de Juiz de Fora e membro do Instituto Teológico Franciscano (Petrópolis).

# Introdução[*]

Até agora, ao falar sobre como Deus reside em nós, eu sempre usei a linguagem da mística. Meus olhos se voltavam mais para o ser humano individual, no qual Deus reside. Evidentemente, jamais contemplei o ser humano isoladamente, mas sempre como um ser que também vive em comunhão com outros e que convive com a criação de modo consciente e cuidadoso – como nos ensina São Bento em sua regra.

O texto de Leonardo Boff sobre o divino no universo (Parte II deste livro) ressalta a importância de se compreender o ser humano sempre como parte do cosmos. Quando falamos de Deus no ser humano, não podemos ignorar seu vínculo com o cosmos. O ser humano carrega dentro de si 14 bilhões de anos na forma de poeira de estrelas. Ele tem muito em comum com a matéria que o envolve,

---

[*] Traduzido do original alemão: *Das göttliche in uns* (Introdução e Parte I) por Markus A. Hediger.

com a vida que existe em plantas e animais. Nosso cérebro, por exemplo, tem muito em comum com o dos demais animais. Ele contém – assim explica Leonardo Boff – "o cérebro-tronco, que surgiu há mais ou menos 220 milhões de anos e onde podemos localizar os nossos atos instintivos; este está envolto pelo sistema límbico, que se desenvolveu há 125 milhões de anos e que representa a correspondência física das emoções, dos afetos e de um senso de caridade; e, por fim, contém o córtex cerebral, de apenas três milhões de anos, que nos equipa com a capacidade da formação de conceitos e do pensamento abstrato" (BOFF, p. 332). Quando falamos do divino no ser humano é interessante sempre também pensarmos em nosso vínculo profundo com todo o cosmos. O Deus em nós é o Deus que nos une com todo o cosmos; nós somos parte do cosmos, e o Deus que reside no ser humano reside também em tudo que é. Assim, esta interação com Leonardo Boff me lembrou dessa comunhão com os outros e da convivência com toda a criação.

Falamos neste livro sobre o divino no humano e no universo. Para mim, Deus é sempre os dois: pessoal e suprapessoal. De um lado, os místicos fazem referência ao Deus pessoal, ao Pai de Jesus Cristo, ao nosso Pai e à nossa Mãe. De outro, o que é considerado "divino" expressa mais o aspecto suprapessoal de Deus. Mas, para mim, essas duas possibilidades não se contradizem.

Quando usamos uma linguagem aberta, que pretende tocar também aquelas pessoas cujo lar não é a fé cristã, costumamos ignorar a ideia de um Deus como pessoa. No entanto, quando falamos do divino, existe sempre também essa possibilidade. Os Padres Gregos da Igreja não descreveram Deus com o conceito de "pessoa", mas com o conceito de "hipóstase", que designa a existência concreta em oposição ao ser geral. Literalmente significa: aquilo "que se encontra abaixo". Os Padres da Igreja desenvolveram esse conceito quando tentaram compreender o mistério do Deus trino. Deus é um único Deus, mas em três hipóstases diferentes, em três existências concretas. O que os Padres da Igreja pretendem expressar com esse conceito de hipóstase é que o divino sempre vem ao nosso encontro em forma concreta. Por isso, nós ocidentais, traduzimos esse conceito da hipóstase como pessoa. Juntamente com o Oriente, nós cremos que em Deus encontramos um Tu, não só um ser geral. Por isso, quando falamos do divino, nós nos referimos sempre também a Deus como pessoa, a Deus como o Tu, que se dirige a nós, ao qual rezamos e com o qual mantemos um relacionamento pessoal. Assim, vejo no divino sempre também o Deus que se dirige a mim, que vem ao meu encontro na forma de um Tu. Minha teologia é influenciada por Karl Rahner. Ele chama Deus de o "Mistério Absoluto". Mistério também é um termo mais suprapessoal para Deus. Mas Karl Rahner está convencido de que, nesse mistério profundo e indescritível de Deus, nós encontramos um Tu.

Ao mesmo tempo, porém, sei que não posso ter uma imagem demasiadamente concreta de Deus como pessoa. Não devo imaginá-lo como uma pessoa humana. Muitos entram em conflito com sua imagem pessoal de Deus quando se veem confrontados com o sofrimento. Deus como Pai ou Mãe não pode permitir que um recém-nascido morra. O sofrimento nos obriga a romper com a nossa imagem muitas vezes limitada demais de Deus como pessoa e a contemplar outro aspecto dele: Deus como mistério abismal, Deus como força que tudo penetra, Deus como amor que tudo gera e tudo reúne. Ambas as perspectivas são legítimas. E ambas as perspectivas abrem a janela pela qual podemos olhar para aquele Deus que se encontra além de todas as nossas imagens e concepções, que transcende a oposição entre pessoal e suprapessoal e nos envolve como o mistério profundo do amor e que, ao mesmo tempo, vem ao nosso encontro.

Quando falamos do divino no lugar de Deus, corremos o perigo de abusar do conceito. Às vezes, falamos do divino como posse nossa. O divino nos pertence, ele nos enriquece; Ele aumenta nossas capacidades psíquicas. E acreditamos que já somos totalmente um com o divino e que, por isso, podemos desprezar os relacionamentos humanos. Refugiamo-nos na grandiosidade para fugir da nossa necessidade humana. Por isso, quando falamos do divino, precisamos nos lembrar sempre de que Deus não está à nossa disposição, que nós não somos donos dele, mas que devemos ir ao encontro desse Deus ou desse divino com uma postura de temor, que significa: não dispor do divino. Precisamos dar um passo para trás, aceitar o divino como mistério e permitir que Ele nos afete. Deus – afirma Paul Tillich – é aquilo que nos diz respeito de modo incondicional.

Na Parte I do livro falaremos apenas do divino que está no humano, no irmão, na irmã e na natureza que nos envolve. Mas esse divino contém sempre também o Tu de Deus. Não podemos nos apropriar do divino. Ele está em nós; mas, como Deus, não está à nossa disposição. Não podemos dispor dele como bem queremos; só podemos aceitá-lo como presente. É, nas palavras de Karl Rahner, o mistério incompreensível que nos envolve sempre e em todos os lugares e que sempre mantém uma relação conosco. Não podemos falar do ser humano sem falar desse mistério que existe em nós e do qual sempre procuramos nos aproximar. Não podemos falar do divino em nós sem pensar no divino que impregna todo o cosmos. Deus é a energia misteriosa que provocou o *big bang* e o devir do cosmos, que impulsiona o surgimento da vida, a evolução e a história, e que conecta tudo a tudo.

Deus é a força unificadora sem a qual o cosmos se dissolveria. Escrevo apenas do Deus no ser humano. Mas os pensamentos que Leonardo Boff desdobra devem sempre ser incluídos nesta leitura. Esses dois aspectos não podem ser separados. Ambos descrevem o mistério do ser humano, que faz parte do cosmos ou, como o descreve Leonardo Boff, no qual o cosmos começou a refletir, a se maravilhar e a compreender a si mesmo.

*Anselm Grün*

PARTE I

# O DIVINO
## NO HUMANO

◆

*Anselm Grün*

# 1

# O desejo do encontro com Deus como pessoa

Conversando com outros cristãos, ouço muitas vezes que eles perderam seu relacionamento com Deus. Antigamente costumavam rezar tratando-o como a um amigo. Falavam sobre tudo com Ele, sentindo seu amor e mantendo com Ele grande intimidade. Agora, porém, não o sentem mais, e esse Deus parece tão distante deles, mas gostariam de restabelecer aquele velho relacionamento. No entanto, não posso lhes oferecer nenhuma receita que lhes permita voltar a sentir a presença de Deus. Minha primeira pergunta é sempre: Você consegue sentir a si mesmo? Não podemos sentir a presença de Deus se nós não conseguirmos perceber a nós mesmos. Não podemos construir um relacionamento com Deus se não tivermos um relacionamento com nós mesmos. Muitas pessoas negam a suspeita de que não sentem mais a si mesmas ou de que não tenham um relacionamento consigo mesmas.

Mas quando continuo a conversar com elas, reconhecem que se distanciaram de si mesmas, que se alienaram de si mesmas.

E essa alienação se aplica também à natureza; sentir a si mesmo também significa sempre se perceber como um ser físico. Por meio do corpo também percebo a natureza em minha volta. O ser humano foi tirado da terra; eu só me percebo como ser humano se perceber também a terra dentro de mim. *Homo* provém de *humus* = solo; Adão, de *adamah* (barro, em hebraico). Ele foi tirado da terra, por isso Leonardo Boff traduz Adão como "terráqueo". Somente consegue sentir a presença de Deus quem também é capaz de sentir a natureza ou aquele que, como dizem os budistas, tem empatia por tudo o que é; pelas pedras, plantas, animais e pessoas. Quem não tiver um relacionamento consigo mesmo e com a natureza também perde o relacionamento com Deus; ele não consegue sentir a presença de Deus, e Deus se torna um estranho para ele.

Portanto, o primeiro passo para voltar a sentir a presença de Deus é aprender a sentir a si mesmo. Procuro sentir minha respiração, permitir que ela me conduza até o fundo da minha alma. Fico atento aos impulsos internos da minha alma, que me ajudam a transcender a mim mesmo e ao cotidiano. Os primeiros Padres da Igreja já ensinaram que nós não podemos experimentar Deus se não estivermos dispostos, ao mesmo tempo, a nos encarar com honestidade e a nos percebermos como realmente somos. Cipriano de Cartago, por exemplo, diz: "Como você pode exigir que Deus o ouça se você não ouve nem a si mesmo? Você quer que Deus pense em você, mas você não pensa em si". (*Quomodo te audiri a Deo postulas, cum te ipsum non audias? Vis esse Deum memorem tui, quando tu ipse memor tui non sis.*) Se você não estiver consigo mesmo, como pode querer que Deus esteja com você? Se eu não estiver em casa comigo mesmo Deus não pode me encontrar quando vier me visitar. Ouvir a si mesmo significa primeiro ouvir seu ser verdadeiro, entrar em contato consigo mesmo, mas também significa ficar atento aos seus sentimentos e às suas necessidades, ouvir aquilo que procura se manifestar em seu interior. Ouvir a si mesmo, entrar em contato consigo mesmo e com suas necessidades mais profundas é, para Cipriano, a condição para entrarmos em contato com Deus na oração.

Evágrio Pôntico o formula de forma semelhante a Cipriano de Cartago: "Se você quiser conhecer a Deus, conheça primeiro a si mesmo". Não existe conhecimento de Deus sem autoconhecimento; não existe encontro com Deus sem que eu encontre a mim mesmo, e isso ocorre quando estou atento aos meus sentimentos e pensamentos. Um caminho para o encontro consigo mesmo é se fazer constantemente a pergunta: Quem sou eu? Se eu fizer essa pergunta continuamente e não me contentar com a primeira resposta, surgirá em mim a noção de que a pergunta pela minha verdadeira natureza também me leva a Deus, àquele que me criou, que tem uma imagem única de mim e que só se aplica a mim.

Outra dificuldade na tentativa de ter um encontro pessoal com Deus é a acusação que Sigmund Freud faz da pessoa piedosa: Tanto o filósofo alemão Ludwig Feuerbach quanto a psicanálise de Sigmund Freud querem nos convencer de que as nossas imagens de Deus como Pai ou Mãe nada mais são do que projeções infantis. Projetamos nosso desejo de um pai perfeito ou de uma mãe sempre amorosa sobre Deus. Permanecemos, assim, presos ao nosso *status* infantil, no qual nos sentimos totalmente dependentes do pai e da mãe. Essa possibilidade certamente contém um grão de verdade; existem pessoas que projetam seus desejos sobre Deus. Então se decepcionam quando Deus não se manifesta como o pai amoroso ou a mãe compreensível, mas como um Deus misterioso que não conseguimos compreender e que, muitas vezes, parece estar ausente. Mas Ele é mais do que a projeção de desejos infantis; é aquele que, desde os primórdios, tem ocupado a mente de todos os filósofos e pensadores: Com o que me deparo quando continuo me perguntando sobre a razão de ser de todas as coisas e seres? Em algum momento me deparo com um mistério incompreensível, que não pode ser reduzido à projeção de imagens humanas, pois questiona a mim mesmo. Deus é aquele que não para de me perguntar: "Quem é você?" Ou que me pergunta, como perguntou também a Adão: "Adão, onde estás?" Deus me pergunta: Onde está você? Como você se vê e se compreende?

Segundo o psicólogo suíço C.G. Jung, existe uma projeção legítima de nossos desejos infantis sobre Deus. Mas, para que seja legítima, não podemos ver Deus no mesmo nível de pai e mãe. A libido, a energia vital, precisa ser redirecionada para um nível espiritual por meio de símbolos. A verdade simbólica, afirma Jung, "que coloca a água no lugar da mãe, e o espírito ou o fogo no lugar do pai, oferece à libido presa à tendência incestuosa uma nova inclinação, liberta-a e lhe confere uma forma espiritual" (JUNG. *Symbole der Wandlung*, p. 288). Jung chama os símbolos de "re-formadores, pois transpõem a libido de uma forma inferior para uma forma superior" (p. 296). Quando o homem jovem permanece preso à mãe de forma infantil, ele recua diante da vida, tem medo da vida. Ele precisa se separar da mãe; mesmo assim, permanece o desejo da presença dela. Apenas quando esse desejo é redirecionado em um símbolo o jovem pode amadurecer e se tornar homem. Quando não vemos Deus no mesmo nível do pai ou da mãe, o redirecionamento da libido para Deus pode nos fazer bem. Internamente, somos libertados do laço que nos prende aos pais e podemos seguir nosso próprio caminho. Mas não vivemos sem vínculos, nós nos vinculamos a Deus. É isso que a palavra religião expressa; ela provém de *"religare"* = "religar-se a algo". Não vivemos sem laços, sem responsabilidades, abandonados. Estamos ligados a Deus e somos responsáveis perante Ele; respondemos com nossa existência humana ao seu chamado. Hoje, porém, responsabilidade também significa assumir a responsabilidade por todo o cosmos. E foi assim que o filósofo judeu compreendeu a responsabilidade: somos responsáveis não só pelas consequências de nossos atos; precisamos assumir responsabilidade por esse mundo. Somos responsáveis pelo futuro do cosmos, pelo aquecimento global, que poderá resultar em geocídio, ou pela preservação do cosmos como um lugar agradável. O filósofo grego Aristóteles tinha uma visão semelhante. Para ele, a responsabilidade do estadista consiste em garantir que a vida humana seja possível também no futuro. Isso só é possível se o ser humano viver em um cosmos que lhe permita viver também no futuro.

Em meu trabalho de aconselhamento encontro pessoas que não realizaram o passo da transformação de seus desejos infantis e que falam de Deus como se Ele fosse seu pai e sua mãe. Nesses casos, trata-se de uma projeção de suas necessidades infantis sobre Deus, e não de uma transformação da energia vital em energia espiritual. Jesus não falou de Deus como alguém que apenas nos acolhe e nos oferece um lar. Para Ele, Deus é também aquele que nos desafia a seguirmos nosso próprio caminho. Ao homem que chama para segui-lo, mas que primeiro deseja enterrar seu pai, diz as duras palavras: "Deixa que os mortos enterrem os seus mortos; tu, porém, vai e anuncia o Reino de Deus" (Lc 9,60). Só podemos falar de Deus corretamente se deixarmos que os mortos enterrem seus mortos, ou seja, se pai e mãe estiverem mortos internamente para nós, se tivermos nos libertado de seu vínculo. Apenas então podemos experimentar Deus como Pai e Mãe, de forma nova.

O desejo de experimentar Deus como pessoa, de ter um encontro pessoal com Ele está dentro de nós. Não é um sinal de infantilismo, mas corresponde à nossa natureza como seres humanos. A imagem dele sempre corresponde também à autoimagem. Experimentar Deus como pessoa é também a condição para experimentar a si mesmo como pessoa. Aquele que falar apenas do divino corre o risco de ignorar sua própria existência como pessoa. Ele se sente um com tudo, mas esquece que ele é, também, uma pessoa singular. E justamente como pessoa em seu próprio direito é que também posso entrar em um relacionamento com outras pessoas, posso me sentir um com a natureza e experimentar a união com Deus. Não se trata, porém, de uma fusão com Deus, mas de uma união como unidade de duas pessoas. A antiga fórmula dogmática do Concílio da Calcedônia descreve essa união entre nós e Deus da seguinte forma: "Inseparados, e não misturados". Tornamo-nos um com Deus e com o divino, mas permanecemos seres humanos. Não somos misturados com o divino.

Para mim, a sarça ardente é uma ilustração linda para a declaração do Concílio. A sarça está seca e é ignorada; ela cresce às margens, é insignificante. Mas é nessa sarça que Deus aparece como fogo; a sarça arde, mas não queima. Nós somos o lugar em que a glória de Deus se manifesta, em que arde o fogo de Deus; mas nós permanecemos humanos. Continuamos sendo matéria; continuamos sendo o corpo cansado, que adoece e envelhece. Mesmo assim, o fogo divino arde em nós. Essa é a promessa da Bíblia: Nós somos o lugar em que a glória de Deus brilha para todo o cosmos.

# 2

# Deus em nós – O nascimento de Deus no ser humano

Todos os místicos cristãos têm a firme convicção de que Deus reside em nós, e isso é descrito com a ajuda de muitas imagens diferentes. Essa ideia tem sua origem nas palavras de Jesus no Evangelho de São João: "Se alguém me ama, guarda minha palavra; meu Pai o amará, Ele virá a nós e em nós fará morada" (Jo 14,23). O que Jesus está dizendo aqui é que o Pai e Ele residem em nós. Ao morrer, Ele não só foi preparar uma morada para nós junto a Deus no céu; Ele e seu Pai passam a residir dentro de nós, fazendo-nos sua morada. Os Padres da Igreja tomaram esse versículo do Evangelho de São João como um dos muitos pontos de partida para a doutrina do Deus trino. Deus é comunhão. Pai, Filho e Espírito Santo são um e, mesmo assim, três pessoas. Cada um reside no outro e impregna o outro. Os Padres da Igreja desenvolveram para isso o conceito da *perichoresis*, cujo significado original é: penetração mútua. Leonardo Boff traduz o conceito como "dançar em volta de algo". O Deus trino é uma dança eterna das três pessoas; Deus reside no ser humano como o Deus trino. A imagem da Trindade significa que Deus nos inclui nessa dança do amor. O Deus trino é um Deus aberto, aberto ao ponto de residir no ser humano. Para Ricardo de São Vítor, a essência do Deus trino é o amor. Ele explica isso com o exemplo do amor entre duas pessoas. O amor perfeito sempre precisa de três pessoas: o amante, a pessoa amada e o terceiro, que preza e exalta esse amor. O Pai ama o Filho, o Filho ama o Pai. O Espírito Santo é o amor comunicado, o amor que conecta os dois um com o outro. A residência do Deus trino no ser humano significa para Ricardo de São Vítor que o amor que doa, que o amor que responde e que o amor como dádiva que nos é presenteada residem no ser humano. O Espírito Santo deifica nosso amor humano e nos capacita a dirigir nosso amor não só a Deus ou ao ser humano, mas a toda a criação. Assim, a habitação de Deus na alma humana não é algo que o ser humano guarda para si mesmo; ela o abre para os outros seres humanos e para toda a criação, que é impregnada com o amor do Espírito Santo. Mary T. Clark descreve essa visão da espiritualidade de Ricardo de São Vítor desta forma: "A vida espiritual não é uma fuga do 'sozinho para o único', mas uma união com tudo no modo triplo de Pai, Filho e Espírito" (CLARK, apud McGUINN, p. 296). O Deus trino, que reside em nós, nos capacita a nos tornar um com tudo o que existe, porque tudo é penetrado pelo Espírito de Deus.

Os místicos têm descrito a habitação de Deus de várias maneiras. Alguns Padres da Igreja recorrem a textos bíblicos, como, por exemplo, à imagem do Santíssimo, mencionado na Epístola aos Hebreus. O autor da Carta aos Hebreus, que reúne concepções gregas e judaicas, escreve que Cristo, por meio de sua morte, passou, como nosso precursor, pela cortina para o interior (cf. Hb 6,19s.). Atrás da cortina ficava o Santíssimo, ao qual apenas o sumo sacerdote tinha acesso. Cristo entrou no Santo dos Santos. Mas esse lugar santíssimo não se encontra mais no templo, mas dentro de nós. Lá, onde Cristo reside em nós, tudo é são e inteiro. Lá existe em nós um espaço ao qual o ser humano não tem acesso; nem mesmo o barulho do mundo tem acesso a esse lugar santíssimo. Lá somos sãos e completos; lá, tudo é santo; lá, tudo está protegido do mundo. Esse espaço é habitado por Deus. E lá, onde Deus habita em nós, podemos ser realmente aquilo que somos; lá entramos em contato com o santo e sagrado em nós.

Outra imagem bíblica é o templo de Deus. Paulo fala dele na primeira Epístola aos Coríntios: "Ou não sabeis que vosso corpo é templo do Espírito

Santo, que está em vós e que recebestes de Deus, e que, portanto, vós não vos pertenceis? Fostes comprados por alto preço. Glorificai, pois, a Deus em vosso corpo" (1Cor 6,19s.). Nosso corpo é habitado pelo Espírito Santo, com o Espírito Santo habita também a beleza de Deus em nós. Quando nos conscientizamos disso, nós nos experimentamos de maneira diferente, reconhecemos a dignidade do nosso corpo; ele não é marcado apenas pela nossa alma, é também o lugar em que o próprio Deus habita.

O Evangelho de São João interpretou a expulsão dos vendilhões do templo desta maneira: Cristo entra no nosso mercado e o transforma em templo de Deus, expulsando dele o barulho interno dos comerciantes e cambistas, expulsando também o gado, as ovelhas e os pombos, todas as pulsões, toda superficialidade e também os pensamentos inconstantes e agitados para que a beleza de Deus possa preencher aquele espaço. Quando a beleza de Deus passa a habitar em nós, nos vivenciamos de outra forma; experimentamos a dignidade e a beleza interior.

Uma palavra que nasceu da mística de São Paulo foi usada pela tradição tanto para a habitação de Deus quanto para o seu nascimento: "Já não sou eu que vivo, é Cristo que vive em mim" (Gl 2,20). Cristo vive em mim, Ele se tornou meu Eu verdadeiro. Ao mesmo tempo, porém, podemos dizer:

Cristo nasce em mim; ele se torna minha realidade mais íntima. Quando Cristo nasce em nós, Ele se torna nosso verdadeiro eu, deixamos de viver na base do ego e passamos a viver a partir do nosso centro mais profundo. Já não é nosso ego que vive, é o nosso *verdadeiro eu* que vive em nós. C.G. Jung chama Jesus de arquétipo do *self*. A mensagem de Jesus atraiu tantas pessoas porque ela despertou nelas a imagem arquetípica do *self*. Cristo transmitiu às pessoas a esperança de passar do ego limitado para o *self*, que abarca áreas conscientes e inconscientes da alma humana. Mas Jung afirma também que Cristo, como arquétipo, também abarca a essência do cosmos. O *self* sempre está conectado e vinculado ao cosmos inteiro (cf. JUNG, vol. 11, p. 170).

Os Padres da Igreja descreveram inúmeras vezes o nascimento de Deus na alma humana. Dizem que cada cristão, seja homem ou mulher, é mãe de Cristo. Muitas vezes citam Mt 12,50: "Pois quem fizer a vontade do meu Pai que está nos céus, este é meu irmão, minha irmã e minha mãe". Foram sobretudo os místicos da Idade Média que interpretaram essa passagem à luz do nascimento interno de Cristo no coração do cristão. Para eles, Maria é o modelo do cristão. Cristo nasce em Maria, mas também na alma de cada cristão.

A alma de cada ser humano é um espaço maternal no qual nasce Deus. Muitas vezes, é também o coração que é identificado como lugar em que o Verbo de Deus se faz carne em nós. Clemente de Alexandria dizia que o *logos* habita em nós. E a pessoa na qual habita o *logos* "recebe a linda feição do *logos*, ela mesma se torna bela, pois ela se torna semelhante a Deus. Sim, ela se torna 'Deus', porque esta é a vontade de Deus. Ó mistério revelado: Deus no ser humano; e o ser humano, Deus!" (apud RAHNER, p. 341). São palavras ousadas. Deus reside em seu *logos*, em seu Filho Jesus Cristo, em nosso coração e nos transforma em Deus, e assim participamos da beleza dele. Mais tarde, os Padres da Igreja dirão: Deus se torna humano para que o humano seja deificado. E na deificação do ser humano, todo o cosmos é deificado. Leonardo Boff interpretou a encarnação de Deus em Jesus Cristo nesse sentido cósmico. No corpo humano de Jesus, Deus conectou todo o cosmos com sua vida divina (cf. BOFF, p. 363ss.).

Os Padres da Igreja veem o nascimento do *logos* eterno da Virgem Maria como imagem do nascimento espiritual de Cristo no coração do ser humano individual. Orígenes diz que o *logos*, que no batismo nasce na alma humana, também precisa crescer, e ele o faz transformando a alma humana cada vez mais à imagem de Cristo. Essa transformação se manifesta nas virtudes que o ser humano aprende de Jesus, e culmina na contemplação de Deus, para a qual o cristão foi chamado. Os Padres da Igreja falam do nascimento no batismo, que precisa ter sua continuação no nascimento diário do *logos* na alma humana. Esse nascimento diário do *logos* transforma cada vez mais o agir, o pensar e o falar do ser humano, e o impregna com o Espírito de Jesus. A doutrina dos santos Padres Gregos culminam na mística de Gregório de Nissa. Ele escreve: "Esse nascimento ocorre apenas de Deus. E ele ocorre quando alguém recebe, no fundo vivo de seu coração e em concepção maternal, a imortalidade do Espírito. Então ele dá à luz sabedoria e justiça, santidade e também pureza interior. E assim, cada um pode tornar-se mãe daquele que é tudo isso em natureza, como afirma o próprio Senhor" (apud RAHNER, p. 375s.). Cristo cresce em nosso interior e nos transforma cada vez mais à sua imagem, à sua própria beleza, que então brilha no mundo por meio de nós.

A pergunta é: O que significa essa imagem? Podemos interpretá-la teologicamente: Quando Deus nasce dentro de mim, entro em contato com a imagem singular que Ele tem de mim. Deus nasce também em mim como criança. Isso significa: Ele me permite entrar em contato com minha essência original e autêntica, com o brilho que Deus atribuiu a cada pessoa na hora de sua criação. Mas o nascimento de Deus significa também que Ele impregna todas as minhas forças psíquicas e físicas, e assim se torna cada vez mais humano em mim. Então, minha tarefa consiste em permitir que a vida divina invada o mundo por meio do meu agir e do meu pensar. Em outras palavras: O nascimento de Deus em minha alma abre meus olhos para que eu possa reconhecer Deus também no mundo como fundamento real e sentir-me um com o cosmos em Deus.

Santo Agostinho, um dos primeiros místicos no Ocidente, não falava tanto do nascimento de Deus no ser humano, mas da imagem de Deus no homem. "Dentro de nós encontramos uma imagem de Deus, a imagem daquela suprema Trindade, não igual a ela, antes muito distante dela, pois nada é igualmente eterno, nada possui a mesma essência de Deus, mas mesmo assim por natureza mais próxima de Deus do que todas as outras coisas criadas por Ele, uma imagem que, por meio da renovação, deve se tornar ainda mais perfeita, para, por fim, tornar-se totalmente idêntica a Ele" (apud RUH, p. 98s.). Nossa alma contém, portanto, a imagem de Deus. Em nossa alma reconhecemos nosso parentesco interior com Deus, sim, a própria imagem de Deus se reflete em nossa alma. Isso nos confere nossa dignidade verdadeira. Santo Agostinho também fala do nascimento de Deus no ser humano. Mas ele o compreende não em sentido místico, mas moral. "Na fé, na prática do bem, na execução da vontade do Pai, a alma se torna parideira de Cristo" (apud RUH, p. 116). O Mestre Eckhart fundamenta da Igreja falam do nascimento no batismo, que precisa ter sua continuação no nascimento diário do *logos* na alma humana. Esse nascimento diário do *logos* transforma cada vez mais o agir, o pensar e o falar do ser humano, e o impregna com o Espírito de Jesus. A doutrina dos santos Padres Gregos culminam na mística de Gregório de Nissa. Ele escreve: "Esse nascimento ocorre apenas de Deus. E ele ocorre quando alguém recebe, no fundo vivo de seu coração e em concepção maternal, a imortalidade do Espírito. Então ele dá à luz sabedoria e justiça, santidade e também pureza interior. E assim, cada um pode tornar-se mãe daquele que é tudo isso em natureza, como afirma o próprio Senhor" (apud RAHNER, p. 375s.). Cristo cresce em nosso interior e nos transforma cada vez mais à sua imagem, à sua própria beleza, que então brilha no mundo por meio de nós.

A pergunta é: O que significa essa imagem? Podemos interpretá-la teologicamente: Quando Deus nasce dentro de mim, entro em contato com a imagem singular que Ele tem de mim. Deus nasce também em mim como criança. Isso significa: Ele me permite entrar em contato com minha essência original e autêntica, com o brilho que Deus atribuiu a cada pessoa na hora de sua criação. Mas o nascimento de Deus significa também que Ele impregna todas as minhas forças psíquicas e físicas, e assim se torna cada vez mais humano em mim. Então, minha tarefa consiste em permitir que a vida divina invada o mundo por meio do meu agir e do meu pensar. Em outras palavras: O nascimento de Deus em minha alma abre meus olhos para que eu possa reconhecer Deus também no mundo como fundamento real e sentir-me um com o cosmos em Deus.

Santo Agostinho, um dos primeiros místicos no Ocidente, não falava tanto do nascimento de Deus no ser humano, mas da imagem de Deus no homem. "Dentro de nós encontramos uma imagem de Deus, a imagem daquela suprema Trindade, não igual a ela, antes muito distante dela, pois nada é igualmente eterno, nada possui a mesma essência de Deus, mas mesmo assim por natureza mais próxima de Deus do que todas as outras coisas criadas por Ele, uma imagem que, por meio da renovação, deve se tornar ainda mais perfeita, para, por fim, tornar-se totalmente idêntica a Ele" (apud RUH, p. 98s.). Nossa alma contém, portanto, a imagem de Deus. Em nossa alma reconhecemos nosso parentesco interior com Deus, sim, a própria imagem de Deus se reflete em nossa alma. Isso nos confere nossa dignidade verdadeira. Santo Agostinho também fala do nascimento de Deus no ser humano. Mas ele o compreende não em sentido místico, mas moral. "Na fé, na prática do bem, na execução da vontade do Pai, a alma se torna parideira de Cristo" (apud RUH, p. 116). O Mestre Eckhart fundamenta sua concepção do nascimento de Deus em Santo Agostinho. Mas ele interpreta os pensamentos do santo em sentido místico e também ontológico.

Para o Mestre Eckhart, a ideia do nascimento de Deus na alma humana se tornou central ao seu pensamento. O Filho renasce na faísca da alma. O Mestre Eckhart contempla o nascimento de Deus juntamente com o nascimento do Filho no coração do Pai e com a encarnação de Deus na criança de Belém. Para o Mestre Eckhart não existem fases temporais; tudo é expressão do mesmo evento, que culmina no nascimento de Deus na alma humana individual. Mestre Eckhart o expressa assim: "Deus gera seu Filho Unigênito em você, queira você ou não, esteja você dormindo ou acordado: Ele cumpre a sua parte" (apud MIETH, p. 47). É o próprio Deus que efetua o nascimento de Deus em nossa alma. O nascimento de Jesus do ventre de Maria é para o Mestre Eckhart uma imagem daquilo que acontece em toda alma: "Para Deus, é mais precioso vir à luz espiritualmente em toda boa alma do que ter nascido fisicamente do ventre de Maria" (apud MIETH, p. 69). O nascimento de Deus, porém, não é apenas uma ação sua, mas provoca também uma resposta do ser humano: "Deus faz seu Filho Unigênito nascer no âmbito mais sublime da alma. No mesmo processo em que Ele gerou seu Filho Unigênito dentro de mim, eu o gerei de volta para o Pai" (apud MIETH, p. 138). Para o Mestre Eckhart, gerar e nascer se confundem. São declarações ousadas. Elas são contempladas frequentemente no diálogo inter-religioso, mas jamais conseguiremos entendê-las por completo. Para o Mestre Eckhart, o nascimento de Deus significa um relacionamento íntimo entre Ele e o ser humano.

# 3

## O divino como poder curador dentro de nós – O Espírito Santo

Para nós cristãos o divino é sempre também um poder que cura. Jesus, o Filho de Deus, cura os enfermos. Por meio dele, o amor curador de Deus chega até nós. Em seu primeiro discurso na sinagoga de Nazaré, Jesus descreve a sua missão com as palavras do Profeta Isaías: "Ele me ungiu para anunciar a Boa-nova aos pobres; enviou-me para proclamar aos aprisionados a libertação, aos cegos a recuperação da vista, para pôr em liberdade os oprimidos, e para anunciar um ano da graça do Senhor" (Lc 4,18s.). Jesus cura os enfermos em nome de Deus e envia seus discípulos para "proclamar o Reino de Deus e curar os enfermos" (Lc 9,2). A proclamação do Reino de Deus e a missão de curar estão intimamente vinculadas. Mas o Reino de Deus – assim diz Jesus no Evangelho de São Lucas – "está em vós", dentro de vocês, como traduz Martinho Lutero (Lc 17,21). O Reino de Deus é, então, o espaço do silêncio dentro de nós, onde Deus governa e onde nós não somos dominados por nossas necessidades, pelos nossos padrões neuróticos ou pelas expectativas e exigências dos outros. Nesse espaço, no Reino de Deus em nós, nós somos livres; somos sãos e completos. Este é o poder curador de Deus em nós; nesse espaço, o divino reside em nós como força curadora.

Na tradição cristã, o divino como força curadora é atribuído tanto a Jesus Cristo, o Salvador, quanto ao Espírito Santo. Jesus é o médico divino que cura os enfermos. Os evangelhos sinóticos nos contam muitas histórias de cura; Jesus cura com a força (*dynamis*) de Deus. São João descreve Jesus como médico na imagem da serpente de bronze que os judeus haviam erguido num poste, para que todos os que tinham sido picados por cobras venenosas fossem curados ao olharem para a serpente de bronze: "Como Moisés levantou a serpente no deserto, assim também é preciso que o Filho do Homem seja levantado, a fim de que todo o que nele crer tenha a vida eterna" (Jo 3,14s.). Jesus é o médico divino que cura a ferida mais profunda – a ferida da morte – do ser humano. Os médicos gregos usavam como símbolo de sua profissão uma serpente em um bastão, e o anseio deles se cumpre em Jesus. O fato de o Mestre se transformar em nosso médico justamente na cruz é ilustrado por outra imagem que João usa.

Jesus diz: "Quando eu for levantado da terra atrairei todos a mim" (Jo 12,32). Na cruz, Jesus nos abraça, e esse abraço cura nossas feridas. Os Santos Padres compreenderam essa imagem assim: Na cruz, Jesus abraçou o mundo inteiro. Eles viam a cruz como lei da construção do mundo, que é imposta ao cosmos inteiro. A cruz está fincada no mundo para estabilizar o inconstante e ligar as profundezas da terra com o céu. Nos cursos, costumo fazer o seguinte exercício: todos ficam de pé e estendem os braços, da mesma forma como Jesus estendeu seus braços na cruz. Nessa posição, imagino que estou abraçando o cosmos inteiro. Os latinos dizem: *Nihil humanum mihi alienum* = Nada humano me é estranho. Na postura da cruz imagino: Nada cósmico me é estranho. Tudo o que está no cosmos também está em mim. Nesse gesto percebo meu vínculo com o mundo inteiro.

Costumo fazer ainda outro exercício nos meus cursos para ilustrar o efeito curador da cruz. Ficamos de pé e cruzamos os braços sobre o peito. Já que Cristo nos abraça na cruz, nós abraçamos juntamente com Ele a criança ferida dentro de nós: a criança abandonada, negligenciada, ignorada, envergonhada, incompreendida e rejeitada. Assim, os participantes do curso percebem algo do poder curador de Jesus, que flui da cruz até nós. A cruz nos mostra que o amor curador de Jesus abraça toda ferida, toda fraqueza e toda enfermidade que existe em nosso ser.

Os Santos Padres não falam de Jesus apenas como médico que nos toca e cura com um poder vindo de fora. Ele também é o médico que está em nosso interior, que estabelece nosso contato com as forças curadoras de nossa alma. O próprio Deus implantou em nós essas forças curadoras. Por meio dele entramos em contato com elas. Esse médico interior diz palavras como: "Estende a mão!" (Mc 3,5) ou: "Levanta-te, toma o teu leito e anda!" (Jo 5,8). Ele toca nossa ferida, fazendo fluir a força curadora de Deus, para que nossa chaga seja transformada e curada. E nas palavras que Ele dirigiu ao homem com a mão paralisada e ao paralítico, sua força curadora age também em nós. Não são apenas palavras vindas de fora, que alcançam nosso ouvido, mas palavras interiores, que nos permitem entrar em contato com a força curadora de nossa alma.

O divino como força curadora está em nós também através do Espírito Santo; Jesus nos enviou o Espírito Santo. No Evangelho de São João, Jesus concede o Espírito Santo aos seus discípulos na noite de Páscoa. "Soprou sobre eles e disse: Recebei o Espírito Santo" (Jo 20,22), que também está dentro de nós como a respiração que nos impregna. No Antigo Testamento, o Espírito de Deus é chamado de sopro de Deus. Podemos sentir o Espírito Santo em nossa respiração, e assim como não podemos viver sem respiração, também não conseguimos viver segundo a natureza de um cristão remido sem que o Espírito Santo respire em nós e penetre tudo o que existe em nós. Ele é a força divina que invade todos os poros do nosso corpo e da nossa alma, e um dos modos da cura consiste em deixarmos fluir conscientemente o Espírito Santo para as células doentes do nosso corpo. Isso não é uma garantia de que essas células doentes sejam curadas, mas podemos confiar que o Espírito Santo faça agir sua força curadora também em nosso corpo. Assim, não existe nada em nós que não seja tocado pelo Espírito Santo, e quando somos tocados por Ele entramos em contato com nós mesmos, com o nosso ser verdadeiro. Então, a doença não nos aliena de nós mesmos, mas se transforma como porta de entrada para o Espírito Santo. Também em nosso corpo enfermo estaremos cheios dele, e isso transforma, no mínimo, a nossa autopercepção. Não nos sentimos mais doentes, mas um com nós mesmos também na doença, porque somos impregnados pelo Espírito Santo.

A sequência de Pentecostes, de Stefan Langton, canta sobre o Espírito Santo: "Purifica o que estiver manchado, dá vida ao que estiver ressecado, cura onde a doença me tortura" (*sana quod est saucium*). Alfred Delp, o jesuíta alemão que foi preso em julho de 1944 por causa de sua resistência contra o Terceiro Reich e que foi executado em 2 de fevereiro de 1945, escreveu na prisão em pequenos bilhetes uma meditação sobre a sequência de Pentecostes, para encontrar consolo e esperança naquelas palavras. Em vez de girarmos sempre em torno das nossas feridas e culpar outros pelo nosso sofrimento, Delp sugere que simplesmente as ofereçamos a Deus, sem ficarmos pensando por que aquilo aconteceu justamente conosco.

> Em algum momento, todo pensamento e toda tentativa de fuga precisam cessar. Precisamos ficar deitados sem nos mexermos; caso contrário, os espinhos em que caímos nos machucam ainda mais. Ficar deitados imóveis, cientes de nossa impotência, e buscar a mão curadora de Deus. Precisamos chorar o rio sagrado e curador e permitir que ele nos inunda e fortaleça o nosso interior (DELP, p. 292).

Quando choramos – acredita Delp –, choramos não só a nossa própria necessidade, mas nos abrimos também ao Espírito Santo, para que o rio de seu amor curador possa nos inundar.

Delp não fala das feridas que sofremos por uma ação vinda de outros, mas das feridas que vêm de dentro:

> Quando a fé vascila, quando a esperança falha, quando o amor esfria, quando a adoração estarrece, quando a dúvida nos corrói e o medo se deita sobre toda a vida como o lençol fúnebre da paisagem do inverno, quando o ódio e a arrogância sufocam a respiração, a vida está mortalmente ferida (p. 293).

E ele sabe que o ser humano é incapaz de curar essa ferida, que ele precisa pedir ajuda ao Espírito de Deus. Delp experimentou isso pessoalmente na prisão: "Sozinho eu jamais teria chegado até aqui. Deus cura: A força curadora de Deus vive em mim e comigo (p. 293).

As meditações de Alfred Delp podem nos encorajar também hoje a crer que o Espírito Santo é capaz de curar as nossas feridas. Não devemos recalcar os nossos ferimentos, mas oferecê-los a Deus e imaginar como o Espírito Santo e curador de Deus inunda nossas feridas, nos transformando e curando. Mas Ele só cura aquilo que nós lhe oferecemos. Portanto, é necessário que ocorra um encontro sincero comigo mesmo, com os ferimentos e as mágoas da minha alma; eu preciso encará-los. Assim, posso oferecer minha sensibilidade, minha impotência, minha solidão, minha tristeza, meu medo e minhas dores a Deus, para que seu Espírito Santo inunde todas as regiões feridas da minha alma e do meu corpo. Hoje em dia usamos o procedimento da imaginação na terapia do câncer; o paciente imagina como uma energia positiva invade as células cancerígenas e as combate. Podemos imaginar que o Espírito Santo invade as células cancerígenas e as cura. Isso não é uma garantia de que elas sejam curadas, mas baseados na física quântica podemos imaginar que pensamentos agem sobre a matéria. Nesse sentido, a força divina do Espírito Santo também pode curar o corpo. Mas não devemos nos pressionar, imaginando que conseguiríamos curar qualquer doença dessa forma. Existem pessoas que acreditam dispor do poder divino, e, quando Ele não cura, culpam a si mesmas; acreditam que sua fé é fraca demais. Mas acreditar que eu mesmo posso produzir a fé, que basta inculcar a vontade de cura em meu inconsciente para me curar, é superstição e perigoso. Não temos poder sobre o Espírito Santo; só podemos pedir que Ele nos invada e cure a doença dentro de nós. Mas a forma como o Espírito Santo age é uma decisão que cabe exclusivamente a Ele, que pode nos fortalecer mesmo sem curar o nosso corpo.

A liturgia também chama o Espírito Santo de Espírito Criador. Assim começa o hino de Rhabanus Maurus: "*Veni creator Spiritus* = Vem, Espírito Criador". Deus cria tudo por meio do Espírito Santo. Assim diz a Bíblia na narrativa da criação: "O Espírito de Deus pairava sobre a água" (Gn 1,2). O Espírito de Deus impregna o mundo inteiro e conecta tudo a tudo; conecta os cristãos com a Igreja, nos conecta com toda a criação, que Ele impregna. Ele é o *dominus vivificans*, como diz o Credo; vivifica a nós e toda a criação. Assim, o Espírito Santo cura, conectando-nos com toda a criação e enchendo-nos com uma vida nova. Leonardo Boff fala de uma mística cósmico-ecológica do Espírito Santo: "Descobrimo-nos como que imersos no campo de energia absoluta – do *Spiritus Creator* –, que se revela nas energias do universo e na nossa própria energia vital e espiritual" (BOFF, p. 363).

# 4

## O divino que nos une a nós mesmos

Na tradição cristã, o Deus uno é compreendido como Deus trino. Existem muitas tentativas teológicas de descrever o mistério do Deus trino. Para os Santos Padres da Igreja existem paralelos entre o Deus trino e o ser humano, que é dividido em três aspectos: corpo, alma e espírito, ou, como o faz Santo Agostinho: razão, vontade e memória. O Deus trino penetra todos os três aspectos do ser humano e os une entre si. Assim como o Deus trino é apenas um Deus, o ser humano, com seus três aspectos, também é apenas um ser humano, e seu maior anseio é tornar-se um consigo mesmo. Esse tornar-se um consigo mesmo também significa sentir no corpo a união com todo o cosmos.

Jesus expressa esse anseio em seu discurso de despedida, antes de sua morte. Ele ora por seus discípulos: "Que todos sejam um como Tu, Pai, estás em mim e eu em ti, para que eles estejam em nós [...] para que sejam perfeitos na unidade" (Jo 17,21.23). Na maioria das vezes interpretamos essas palavras de Jesus como referência à unidade dos cristãos. Isso certamente é um dos sentidos delas, mas se as lermos no contexto da filosofia grega, também significam outra coisa. Os gregos ansiavam pela unidade. O que existe em toda diversidade? O que une e reúne tudo? Parmênides desdobra diante da filosofia do devir – que encontramos em Heráclito – uma filosofia do ser, do uno, do idêntico, que é tudo ao mesmo tempo. Diante do uno os muitos são apenas aparência. Platão acata essa filosofia, reconhecendo que a unidade se realiza na ideia *una* do bem, e essa ideia *una* se realiza nas muitas coisas. A ideia do uno, do *to hen*, se torna central em Plotino, no neoplatonismo, que fascinava Santo Agostinho. O *hen* é signo da deidade, é o "supraente"; todas as coisas procedem do uno.

E Jesus nos mostra como podemos nos tornar um; devemos ser um, assim como Jesus e o Pai são um. Em sua encarnação, Jesus incluiu tudo o que é humano, a escuridão e o abismo do ser humano na morte cruel da cruz, na unidade com Deus. Nós também só nos tornaremos um com nós mesmos se descermos para os abismos do nosso inconsciente, assim como Jesus o fez. C.G. Jung chamaria isso de região da sombra. Devemos permitir que a luz de Jesus ilumine todos os aspectos sombrios de nossa alma, como também para dentro do nosso corpo e, assim, para dentro de todo o cosmos. Então nos tornaremos um; nada excluímos dessa unidade. E, como afirma Jesus, nos aperfeiçoaremos na unidade. No texto grego, encontramos aqui as palavras: *teteleiomenoi eis to hen*. Uma tradução literal seria: aperfeiçoados em direção ao uno, para dentro do uno. *Teteleiomenoi* é a mesma palavra que São João usa para descrever o amor de Jesus, que, na cruz, alcança a perfeição. Na cruz, Jesus reconciliou todas as contradições/opostos deste mundo: céu e terra, luz e escuridão, o bem e o mal, o feminino e o masculino, o consciente e o inconsciente. João compreende a cruz como abraço. Em seu amor, Jesus abraça todas as oposições deste mundo; Ele nos abraça com nossas contradições. E esse abraço nos permite ser unos com nós mesmos. A palavra *telos* também é usada nos cultos de mistério gregos, que significa a iniciação no mistério de Deus e no mistério do homem; também pode significar casamento. João compreende a encarnação de Deus em Jesus como casamento. Ele mostra isso na narrativa das Bodas de Caná. Quando Deus se torna humano, Ele celebra o casamento conosco e transforma a "água choca" em vinho delicioso. Na cruz, esse casamento é consumado; nela Jesus também inclui a escuridão e o mal, o lado violento da morte em sua realidade divina. Lá, tudo é penetrado pelo amor de Deus.

O divino conhece ainda outro caminho para alcançar a unidade. Se imaginarmos que o amor divino nos penetra, que Deus une tudo o que existe em nós nele mesmo, então também podemos aceitar a nossa vida, pois nada mais existe em nós que não seja tocado por Deus e esteja impregnado de seu amor. Se permitirmos que aquilo que vivenciamos em toda Eucaristia penetre profundamente a nossa consciência, sentiremos que estamos completamente impregnados do amor divino. Nada mais existe em nós que nos seja estranho, que esteja separado de nós e de Deus. Tudo é um com Deus, e assim nós também podemos ser um com tudo o que existe.

O Mestre Eckhart era fascinado pela imagem do uno. Em sua homilia "Sobre o homem nobre" ele escreve: "O homem precisa ser um em si mesmo e precisa buscar isso em si e no Uno e receber no Uno, ou seja: apenas contemplar Deus" (apud MIETH, p. 109). O objetivo do ser humano é tornar-se um consigo mesmo e com Deus; o encontro com Deus é a condição para que o ser humano se torne um consigo mesmo. Assim, o Mestre Eckhart encerra sua homilia com uma referência ao Profeta Oseias: "'Eu', diz Nosso Senhor no Profeta Oseias, 'levarei a alma nobre para o deserto, e lá falarei em seu coração' (Os 2,14). Um com o Uno, um do Uno, um no Uno e Uno no um para sempre. Amém" (apud MIETH, p. 110). Portanto, Deus quer nos tornar um com nós mesmos e com o Uno, com o Deus uno, que é unidade suprema e viabiliza a nossa união a nós mesmos. Mas esse tornar-se um com Deus e com nós mesmos só é possível se abrirmos mão de "nós", se abrirmos mão de todas as intenções, de todas as imagens de nós mesmos e de Deus, vivendo "afastados" ou "tranquilos". O Mestre Eckhart escreve sobre a vida afastada: "Esse afastamento imóvel leva o ser humano à máxima semelhança com Deus. Pois o fato de que Deus é Deus se deve ao seu afastamento imóvel, e do afastamento Ele recebe sua pureza, unidade e imutabilidade. E se o ser humano pretende tornar-se igual a Deus, na medida em que uma criatura pode ser semelhante a Deus, isso precisa acontecer por meio do afastamento" (apud MIETH, p. 88).

Quero traduzir para o dia a dia essa experiência de que Deus une tudo dentro de mim e que Ele me conduz a essa experiência da unidade. Todos nós conhecemos o sentimento da solidão, quando nos sentimos abandonados, isolados das pessoas; ninguém tem tempo para nós, está disponível para conversar conosco. E mesmo quando há pessoas por perto, nós nos sentimos sós, porque os outros não nos entendem. Mas a grande arte consiste em transformar a solidão em união. Como? Eu me sento e sinto em mim a tristeza da minha solidão; atravesso os sentimentos tristes até chegar ao fundo da minha alma. Lá, imagino que sou um com todas as pessoas, com todas que, como eu, sofrem com sua solidão; estou conectado com elas na profundeza da minha alma. Isso transforma meu sentimento triste de solidão em união com todas as pessoas. Então, imagino no fundo da minha alma que sou um com a criação. Quando me sento em um banco no meio de uma linda paisagem posso imaginar que sou um com a natureza à minha volta; tudo o que está na natureza também está dentro de mim. Então imagino que, no fundo da minha alma, sou um com Deus, e com Ele sou um comigo mesmo. Lá, posso me aceitar como sou. É uma experiência curadora saber-se um com tudo. Essa experiência transforma minha tristeza em profunda paz interior.

# 5

## O divino como espaço do silêncio em mim

Os primeiros monges – Evágrio Pôntico, p. ex. – falam do espaço interior do silêncio que existe em nós. Evágrio chama esse espaço de "lugar de Deus", é o lugar em que Ele reside em nós. Para Evágrio, trata-se de um espaço do silêncio, onde todos os pensamentos humanos e todas as representações de Deus emudecem e onde o barulho dos nossos pensamentos se acalma; trata-se de um espaço do silêncio que se encontra além de todas as palavras e imagens. Evágrio adverte aqueles que rezam: "Quando você estiver rezando, de forma alguma deve fazer uma imagem de qualquer coisa, você não pode imaginar nada" (PONTICUS, p. 114). O espaço do silêncio é, ao mesmo tempo, o espaço da oração sem palavras e sem imagens. Experimentamos Deus como o mistério que se encontra além do alcance de qualquer conceito ou imagem.

Os místicos descreveram o espaço interior do silêncio com a ajuda de várias imagens. Mestre Eckhart fala da centelha da alma; Johannes Tauler, do fundo da alma; Catarina de Sena chama esse espaço de "cela interior"; Teresa de Ávila recorre à imagem do "castelo da alma", que possui diversas salas. Após atravessar todas as salas, alcanço o aposento no centro do castelo. Lá, Deus reside sozinho comigo. Posso imaginar esse espaço interior também como caverna. A iconografia sempre representa o nascimento de Jesus numa caverna, que é um espaço maternal. Representa também o centro do cosmos; o espaço do silêncio dentro de mim é a caverna que Deus escavou no cosmos para lá residir em mim e em toda a criação como realidade mais íntima que sustenta tudo.

A tradição cristã vincula a imagem do espaço interior do silêncio também à história bíblica da tempestade. Os discípulos se encontram no barco, e uma forte tempestade ameaça virar o barco. Eles estão com medo, mas Jesus não se importa com essa tempestade; Ele está deitado no chão do barco e dorme. O barco é uma imagem de nós; o nosso barco é assaltado pela tempestade. A água começa a enchê-lo, mas lá, onde Jesus está em nosso barco, há silêncio. A tempestade não ameaça Jesus, mas nós, como os discípulos, temos medo da tempestade. Os discípulos aterrorizados acordam Jesus. "Jesus acordou, repreendeu o vento e disse ao mar: 'Silêncio! Calma!' O vento parou e se fez grande calma" (Mc 4,39). No texto grego lemos: *galene megale*. Um grande silêncio. Jesus cria um silêncio externo. Os elementos do mundo – as ondas e a tempestade – se acalmam. Jesus propaga um efeito tranquilizante sobre o cosmos. Mas quando o cosmos a nossa volta se acalma, podemos perceber o grande silêncio também em nosso coração, o silêncio que Jesus cria em nós quando Ele acalma as tempestades das nossas emoções. Jesus acalma o barulho interno dos nossos pensamentos, mas precisamos despertá-lo. Isso significa que precisamos estabelecer um relacionamento com Ele. Enquanto ele estiver dormindo, enquanto não tivermos um relacionamento com aquele que está no espaço interior do silêncio, nós não participamos de sua tranquilidade, de seu silêncio. Lá, onde Jesus reside em nós e temos um relacionamento com Ele, existe grande silêncio dentro; o barulho externo não tem acesso a ele.

E naquele espaço do silêncio nós nos vivenciamos de cinco maneiras diferentes: 1) Estamos livres do barulho dos pensamentos humanos, dos desejos e das exigências das pessoas, de suas expectativas e dos julgamentos que fazem sobre nós. Muitas pessoas, quando fazem algo, pensam naquilo que os outros dirão. Porém, a opinião delas não consegue invadir esse espaço. 2) Somos sãos e completos.

As palavras que machucam não conseguem invadir esse espaço do silêncio. Emocionalmente, elas continuarão a nos magoar, mas esse espaço do silêncio está livre de todo ferimento; é um lugar de refúgio, onde podemos nos desvincular das mágoas e dos ferimentos que nos alcançam, vindos de fora. Essa experiência é um alívio para os casais que se feriram mutuamente. Eles deveriam se afastar novamente de seus ferimentos e mergulhar nesse espaço interior, onde os ferimentos não os afetam. Lá, eles são sãos e completos; lá, estão protegidos; lá, existe um lugar de refúgio em que podem descansar. 3) Nesse espaço somos originais e autênticos; lá, todas as imagens que nos foram impostas por outros se dissolvem; lá, também são dissolvidas as imagens da autodesvalorização, que nos apequenam e que tentam nos convencer de que somos insuportáveis, de que ninguém nos aguenta. E lá igualmente se dissolvem as imagens da "superestimação", segundo as quais precisamos constantemente ser perfeitos, bem-sucedidos e "legais". Quando todas essas imagens se dissolvem passamos simplesmente a ser; somos um ser puro, e assim participamos do ser puro de Deus. Estamos livres da pressão de ter de justificar e provar o nosso valor. Hoje em dia, muitas pessoas se perguntam em tudo o que fazem: "O que lucrarei com isso?", mas quando estou simplesmente presente, não preciso lucrar nada. Experimento aquilo que Angelus Silesius expressou desta forma: "A rosa não possui um porquê. Ela floresce porque floresce. Ela não se importa se alguém a contempla com agrado". 4) Lá somos puros e claros. As autoacusações e os sentimentos de culpa não têm acesso a esse espaço; lá entramos em contato com a imagem imaculada e imperturbada de Deus em nós. Muitos não conseguem encontrar a paz porque temem não realizar os propósitos de sua vida ou porque surgem em sua mente sentimentos de culpa. Mas lá, onde Cristo reside em nós, somos sem culpa. Lá, tudo é belo e bom como no início da criação. Por fim, 5) lá, onde o mistério de Deus habita em nós, estamos em casa com nós mesmos. Lá nos encontramos e conseguimos conviver bem conosco.

Quando me encontro imerso na confusão da cidade grande gosto de me conscientizar do espaço interior do silêncio. Assim consigo me sentir em paz a despeito do barulho à minha volta. Permaneço ciente de mim mesmo e imagino: Toda essa correria não me afeta. Eu a percebo, mas existe dentro de mim esse espaço do silêncio que não pode ser invadido por ela, pelo barulho de fora. Antigamente, quando precisava presidir reuniões como administrador do mosteiro, e quando havia discussões e até mesmo brigas, eu costumava imaginar esse espaço interior no fundo de minha alma. Assim, eu conseguia participar das discussões sem que aquilo me agitasse internamente, pois o fundo da minha alma não era afetada pelo barulho; a alma permanecia em paz. Em cursos e em nossa casa de retiros acompanho muitas pessoas. Algumas me perguntam como eu aguento ouvir tanto sofrimento e tantos problemas. Minha receita é a mesma: emocionalmente, eu me envolvo completamente no diálogo e com o interlocutor. Ao mesmo tempo, porém, permaneço ciente do espaço interno, ao qual o outro não tem acesso. Isso me dá alívio em muitas conversas. Tenho um espaço de proteção interior, um lugar de refúgio onde sempre posso me abrigar quando minhas emoções se agitam demais. Eu não bloqueio os sentimentos, mas eu os relativizo ouvindo o fundo da minha alma e entrando no espaço interior do silêncio, no fundo de minha alma. Lá, Deus habita em mim, e a esse Deus eu posso confiar todos os problemas que ouço; não preciso solucionar tudo sozinho.

O fato de que Deus só pode ser vivenciado no silêncio é algo que nos ensina a famosa história do Profeta Elias. Até então, ele acreditara que Deus só se manifesta nas situações barulhentas, na tempestade; por exemplo, no fogo ou no terremoto. Mas então Deus o leva para a sua escola e se revela a ele no sussurro do vento, na voz do silêncio esvaecente, como Martin Buber traduz essa passagem (1Rs 19,12). O silêncio é necessário para vivenciarmos Deus. O barulho dos nossos pensamentos nos separa dele. Mas não é só o barulho que precisa se calar. Enquanto refletirmos sobre Deus, não somos um com Ele; precisamos soltar nossos pensamentos para nos tornarmos um com Deus.

# 6

# O divino como amor

A Primeira Epístola de São João diz: "Deus é amor, e quem permanece no amor permanece em Deus, e Deus nele" (1Jo 4,16). É uma definição corajosa afirmar que Deus é amor. O amor sobre o qual João escreve é mais do que um sentimento; é uma qualidade do ser. A afirmação é recíproca. Deus é amor em sua natureza, mas sempre quando experimentamos amor estamos também em Deus e participamos dele. Para João, Deus é ambas as coisas: Ele é amor em si mesmo, mas também é uma pessoa que nós amamos e que nos ama. Deus expressa seu amor por nós dando-nos o seu Filho. Assim lemos em Jo 3,16: "Deus amou tanto o mundo que entregou o seu Filho único, para que todo aquele que nele crer não morra, mas tenha a vida eterna". Deus nos mostra seu amor em seu Filho; nele, seu amor transparece, e quando cremos nesse amor, que resplandece justamente na morte de seu Filho em toda a sua glória, temos a vida eterna; experimentamos ainda aqui uma vida que não pode ser destruída pela morte. Nossa consciência é transformada e ampliada aqui também, e vivenciamos que "o amor é mais forte do que a morte". Vemos isso na ressurreição de Jesus.

João, porém, não se limita a essa declaração pessoal sobre o amor. Ele diz ainda algo mais: "Deus é amor". E nós experimentamos Deus quando experimentamos o amor em nós mesmos. Cada um de nós tem o desejo de amar e de ser amado, e faz experiências de satisfação e de decepção, de encanto e de mágoa. O objetivo do nosso anseio não é que alguém nos ame de tal modo que esse amor nos satisfaça para sempre; o que queremos não é que amemos mais e sejamos amados mais, mas que *sejamos* amor. É isso que João quer dizer com essa passagem. Mas o que isso significa ser amor? Uma senhora me contou: Eu estava meditando. E, de repente, eu era amor. Eu não estava pensando em uma pessoa específica; eu simplesmente era amor. O amor fluiu de mim e encheu meu quarto; fluiu para a minha família, para o meu gato, para a natureza lá fora. Eu me senti conectada com o cosmos inteiro; senti-me um com tudo. Essa mulher experimentou o que João expressa nessa passagem. Quando somos amor estamos conectados com o tudo, somos um com o mundo inteiro. E então exalamos uma força reconciliadora e unificadora, e nessa força nós experimentamos o amor de Deus como qualidade da nossa própria existência humana.

O Evangelho de São João desdobra ainda mais essa experiência. Jesus diz: "Permanecei no meu amor" (Jo 15,9). Aqui João usa a palavra ágape, que é o amor divino. É um espaço no qual podemos residir, permanecer e viver. Mas esse amor deve se expressar no amor ao próximo; quando observamos os mandamentos de Jesus. À primeira vista, isso não nos parece muito simpático. Mas o que isso quer dizer é que o amor deve se expressar em uma postura específica em relação às outras pessoas; sim, o amor necessita também de uma ordem. Ele se expressa em um convívio atencioso e consciente com o mundo, com as pessoas e com todas as coisas. O mandamento de Jesus nunca é interpretado como instrução concreta, mas corresponde à postura de Jesus. Nós amamos quando nos comportamos como Jesus, que explica sua própria conduta com estas palavras: "Ninguém tem maior amor do que aquele que dá a vida por seus amigos" (Jo 15,13). Esse amor de Jesus culmina em seu sacrifício pelos seus amigos, que alcança seu auge na cruz.

Na Primeira Epístola aos Coríntios São Paulo entoou, no capítulo 13, o "Cântico dos Cânticos do amor", que muitas vezes é lido em cerimônia de casamento. Mas esse texto não trata tanto do amor entre homem e mulher, nem do amor ao próximo, tampouco do amor a Deus. Nós só compreendemos esse texto de São Paulo quando o comparamos com os textos da filosofia grega. Como os gregos, Paulo também fala do poder do amor. Ele interpreta esse poder do ponto de vista cristão, como dádiva do Espírito Santo; diz que o amor de Deus é derramado em nosso coração pelo Espírito Santo (cf. Rm 5,5). Paulo chama o amor de carisma, um dom, uma capacitação do ser humano e, ao mesmo tempo, uma dádiva de Deus para o homem. É o amor que faz do ser humano um ser humano; é o amor que gera nele todas as posturas que lhe fazem bem: "O amor é paciente, o amor é benigno, não é invejoso; o amor não é orgulhoso, não se envaidece" (1Cor 13,4). Não se trata de exigências morais apresentadas por Paulo. Ele pretende descrever para nós o que o amor, como força que é dada ao ser humano, provoca neste. É uma força revolucionária que se evidencia nestas palavras: "[O amor] tudo desculpa, tudo crê, tudo espera, tudo suporta" (1Cor 13,7). É a força que suporta o processo de transformação de uma revolução, de uma revolução que confia e espera a despeito de todos os retrocessos, que mantém viva a esperança de um avanço, que resiste a tudo o que se opõe a essa transformação.

Paulo escreveu esse texto no diálogo consciente ou inconsciente com a filosofia da época. Ele era um homem culto e conhecia não só a teologia judaica, mas também a filosofia grega. Suas epístolas revelam que ele também era bom conhecedor da filosofia estoica, principalmente, e queria que a conduta de vida dos cristãos superasse as exigências éticas dessa filosofia. Assim, ele escreve aos filipenses, uma comunidade grega: "Tudo o que é verdadeiro, tudo o que é nobre, tudo o que é justo, tudo o que há de puro, tudo o que há de amável, tudo o que há de louvável, tudo que seja virtude ou digno de louvor, eis o que deve ocupar vossos pensamentos" (Fl 4,8). Isso é um resumo daquilo que a filosofia estoica exigia de seus discípulos. Mas em seu hino ao amor, Paulo não está se referindo à dimensão ética do amor. Ele o descreve – de modo semelhante aos filósofos gregos – como um poder próprio, como uma fonte da qual o ser humano bebe, como uma força que impulsiona as pessoas. Seu texto sobre o amor remete a textos filosóficos daquela era sobre o mistério do amor. Platão, talvez o maior dos filósofos gregos, diz o seguinte, com um poder capaz de provocar muito o ser humano:

> Assim, meu Fedro, apresenta-se Eros a mim: Ele mesmo é o mais belo e o melhor para doar aos outros essa mesma dádiva. Por isso, preciso falar dele em versos: É ele quem cria / Paz entre os homens e a calma imóvel dos mares, / Silêncio mágico em tempestades e sono tran-

quilo sem sofrimento. / Ele nos livra da estranheza, nos enriquece com intimidade (apud CONZELMANN, p. 259).

Um texto de Máximo de Tiro se aproxima ainda mais do "Cântico dos Cânticos de Paulo":

> O que o amor mais odeia são coerção e medo. Ele é orgulhoso e perfeitamente livre, mais livre até do que Esparta. Pois, sobretudo entre os homens, é apenas o amor que, quando reside puro em alguém, não admira riqueza, não teme o tirano, não se assusta diante do trono, não estremece perante o tribunal, não foge da morte. Nenhuma besta o assusta, nenhum fogo, nenhum abismo, nenhum mar, nenhuma espada, nenhuma forca. Até mesmo o inviável lhe é viável, o poder pode ser vencido, o terrível pode ser aceito, e o pesado pode ser suportado. [...] Tudo ousa, tudo vê, tudo domina (apud CONZELMANN, p. 260).

Ambos os textos compreendem o amor como dádiva de Deus, que define a vida do ser humano e lhe dá um novo sabor. Uma pessoa preenchida de amor é imune às turbulências da vida; ela perde a sensação de alienação interior, entrando em contato consigo mesma; percebe e sente seu centro. O amor gera paz entre os homens e, em meio às tempestades deste mundo, estabelece contato com o espaço interior do silêncio. O amor cria em nosso coração um espaço em que encontramos a paz, e nele entramos em contato com nosso ser verdadeiro. Ele nos familiariza com nós mesmos, com a imagem interna e original que Deus tem de nós. Em Máximo de Tiro o amor se apresenta como força e poder ao qual nada neste mundo pode resistir. Apesar de não recorrer a armas, os tiranos temem o amor. Esse tema é recorrente nos autores gregos. Assim lemos nos cânticos anacreônticos: "Nem a cavalaria, nem a infantaria, nem a marinha me destruíram. Não, foi um outro poder que me derrubou com um simples olhar". O amor encontra um caminho para chegar a outra pessoa que, de outra forma, teria permanecido fechada. O amor possui uma força revolucionária e mais forte do que as armas de guerra. Ele consegue vencer as guerras. É essa confiança no poder revolucionário do amor que os textos dos filósofos gregos pretendem nos transmitir, como o faz também o "Cântico de São Paulo". O vínculo entre Paulo e Máximo se evidencia no final semelhante de seus louvores ao amor. Máximo encerra seu texto com um triplo "tudo". Paulo acata isso e encerra seu hino ao amor com palavras semelhantes: O amor "tudo desculpa, tudo crê, tudo espera, tudo suporta" (1Cor 13,7).

Platão descreve sua visão do amor através dos participantes em seu *Banquete*. O primeiro a se manifestar é Erixímaco. Ele vê o Eros como força cósmica. O Eros não se refere apenas ao amor entre homem e mulher, mas impregna toda a natureza viva e inanimada e gera harmonia em tudo. O amor é a lei do ser; ele reúne tudo e pretende harmonizar todas as oposições da vida, seja na natureza viva ou na natureza inanimada, na economia, na arte ou na ginástica. Essa visão do amor é importante para uma espiritualidade ecológica. O amor é o poder que impregna o cosmos inteiro, cria vínculo no mundo. A Teoria da Evolução atual não parte mais, como o fazia Darwin, da sobrevivência do mais forte, mas da pressuposição de que quem sobreviveu foram aqueles seres vivos que se sentiram vinculados ao resto. O amor é a força impulsionadora da evolução. Boff afirma sobre esse amor cósmico: "O amor é a grande força unificadora e integradora do universo" (BOFF, p. 369). O amor também nos conecta com o cosmos inteiro.

Aristófanes reconhece no amor a estrutura do ser do homem. Ele narra o mito segundo o qual, nos primórdios, o homem e a mulher formavam uma esfera. Mas Zeus temia que esses seres pudessem vir a representar uma ameaça aos deuses; por isso, os dividiu. Disso surgiu o Eros como anseio de uma metade pela sua outra metade original. Platão interpreta esse mito desta forma: o amor pertence ao ser humano desde sua origem. "Quando ele encontra sua metade original em amor feliz, ele encontra a si mesmo e a aceita" (apud HIRSCHBERGER, p. 34).

O amor leva o ser humano ao encontro com seu verdadeiro ser.

O que o próprio Platão pensa sobre Eros é desdobrado num discurso de Sócrates, para o qual Eros não é um deus, mas um ser intermediário entre deus e homem. O amor pretende estabelecer contato entre o homem e o bem, e Eros é a força que gera a beleza. Em Eros os seres humanos possuem uma força geradora, tanto física quanto psíquica. A força geradora do corpo se reúne com o corpo da mulher, e assim gera repetidamente o novo. Da mesma forma, o ser humano mortal participa do imortal, como também a alma gera conhecimento e valores espirituais. Poetas, artistas e filósofos não se importam apenas com a beleza de corpos individuais, mas com a contemplação da beleza em si. O amor transcende o aspecto concreto do corpo belo e almeja a beleza primordial, que subjaz a todas as coisas, pois a felicidade mais sublime do ser humano é a visão da beleza primordial. Aqui existe um vínculo importante entre amor e beleza. Em alemão, a palavra "belo" (*"schön"*) deriva de "contemplar" (*"schauen"*). Quando em me contemplo com amor, eu me vejo belo; quando contemplo outra pessoa com amor, ela é bela aos meus olhos. Feio é apenas aquele que odeia a si mesmo, e quem odeia os outros os torna feios. A beleza – diz o poeta russo Dostoiévski – salvará o mundo. Quando contemplamos a beleza do mundo com amor nós o tratamos com carinho, preservamos o mundo. A palavra "belo" ("*schön*"), além de provir de "contemplar" ("*schauen*"), tem raízes em "preservar" ("*schonen*"). O amor nos encoraja para um convívio cauteloso com o mundo, e justamente por isso reconhece sua beleza.

Platão compreende o Eros como a força poderosa que reúne aquilo de que se está separado; Eros é o ímpeto que busca a unificação. Esta é também para nós a natureza do amor: ele reúne aquilo que se encontra dividido, as forças divergentes do cosmos, e conecta as pessoas umas às outras. Teilhard de Chardin traduziu essa visão do amor para o nosso tempo, falando de "amorização". O mundo inteiro, também o mundo inanimado, está impregnado do amor de Cristo. Teilhard interpreta a ferida no lado de Jesus na cruz dizendo que, através dessa ferida, o amor divino do coração de Jesus flui para todas as pessoas e para o cosmos inteiro, impregnando tudo com esse amor. Assim, encontramos o amor de Jesus por toda parte, nas pessoas e na natureza.

Os Padres da Igreja antiga desdobraram ainda mais o que Paulo e Platão escreveram sobre o amor. Alguns exegetas modernos – principalmente os luteranos – reconhecem uma oposição entre o *agape* como amor puro de Deus e o *eros* como amor do desejo. Mas os padres antigos pretendem superar a contradição entre eros e ágape. Eles não falam só de ágape (*caritas* ou *dilectio*, em latim) de Deus, mas também do eros (*amor*), que caracteriza o amor de Deus pelo ser humano. Orígenes transforma a definição de João: "Deus é ágape" em "Deus é eros". Deus ama o ser humano passionalmente. E nosso amor por Deus também deve ser caracterizado pelo fogo do *eros*, do *amor*. Para mim, isso não é mera história da teologia. Vejo nisso a tentativa de vincular o amor que nos foi dado por Deus e que age em nós por meio do Espírito Santo com o amor natural e com a força do *eros*. Sem *eros*, o nosso amor perde sua cor e vivacidade; sem *eros*, o nosso amor não teria força para reunir aquilo que se encontra separado. Precisamos da paixão do *eros* para superar as divisões políticas e sociais em nosso mundo; precisamos da paixão do *eros* para um convívio cuidadoso com a criação e para conduzi-la a um futuro saudável e proveitoso. O amor não é apenas algo tenro e sutil, mas também é o impulso passional que busca a união representada no mito grego de Eros.

Para Platão, o amor é a força divina que penetra todo o ser do mundo e que impede que este se desfaça; é a força que não se cansa de separar o que está separado. Nos dias de hoje, essa doutrina de Platão foi acatada principalmente por Gabriel Marcel. Para esse filósofo francês, o amor e o ser são idênticos; o amor é o fundamento primordial de todo ser, estando presente em tudo. O amor também é o fundamento da existência humana.

Isso significa não só que "todos recebem tudo do amor, mas também que cada um possui tudo o que é e tem apenas por meio do amor. Sem amor, tudo se desfaz, e ele se vê diante do nada" (apud LOTZ, p. 24). Para Gabriel Marcel, o amor é o fundamento da nossa existência humana; sem ele não encontramos nosso verdadeiro ser. Nós nos apropriamos daquilo que Deus nos deu apenas por meio do amor; não importa se é o amor no casamento ou na amizade, se é o amor de Deus por nós ou o nosso amor por Deus – em tudo experimentamos algo do amor como ser, que tudo completa e aperfeiçoa. Gabriel Marcel conhece a distinção entre ser e ter, que Erich Fromm acataria mais tarde em sua arte do amor. A pessoa que realiza o modo de existência do ser participa do amor. Pois ser e amor são, juntos, um só. Não posso possuir o amor como um bem qualquer; preciso ser amor e experimentar um novo ser por meio do amor. Quem se abre ao outro em amor participa do ser absoluto na forma do amor; ele se vivencia "na presença da luz, na plenitude do ser" (SCHERER, p. 130). Pessoas que se amam tocam a eternidade em sua reciprocidade. E o amor é também a força que supera a morte; ele é mais forte do que a morte. Gabriel Marcel acredita que amar significa dizer à pessoa amada: "Tu, tu não morrerás". Nem mesmo na morte nós nos separaremos do amor; pelo contrário, na morte experimentaremos o amor em sua forma pura, em seu ser mais puro.

Sempre que entro no espaço interior do silêncio, quando medito, também sempre encontro um espaço cheio de amor. Dialogando com uma monja budista e mestra-zen sobre as experiências durante a meditação, eu disse: Medito com a oração de Jesus, e isso me conduz ao espaço puro do silêncio, que se encontra além de todas as palavras. Mas esse espaço do silêncio é, para mim, um espaço do amor. E ela respondeu que, para ela, o amor é cansativo demais; que esse espaço é um espaço vazio. Respondi: O vazio é frio demais para mim. Quando nos aprofundamos nessa discussão, conseguimos nos aproximar um do outro. Pois, para ela, a palavra amor evoca o amor emocional e erótico entre homem e mulher; mas, para mim, o amor é uma qualidade do ser, o fundamento de todo ser. Para os budistas o vazio não é apenas frio, que pode ser preenchido pela empatia. É vazio apenas no sentido da ausência de pensamentos, reflexões e emoções.

Antes de moralizar e dizer que precisamos amar uns aos outros, deveríamos primeiro mergulhar no espaço interior do silêncio, onde jorra a fonte do amor em nós. É um espaço cheio de amor, e esse amor no fundo de nossa alma nos conecta com o amor que impregna toda a criação.

# 7

# Transparência –
# Transcendência e imanência

Deus transcende toda realidade finita, Ele transcende tudo que percebemos aqui através dos nossos sentidos. Mas se falarmos apenas da transcendência de Deus sem ressaltar sua imanência, a nossa fé se transforma em uma fuga do mundo. De um lado, temos Deus, o Deus transcendente, o Deus que transcende tudo que podemos ver e experimentar; de outro, Deus também está em todas as coisas, e nós o encontramos em tudo que é. O que vale para Deus vale também para o ser humano. Se quisermos experimentar Deus, precisamos transcender o mundo; precisamos deixar para trás todo o visível para perceber o invisível. Ao mesmo tempo, porém, experimentamos Deus também como fundamento de todo ser; Ele está em tudo, impregna tudo. Em seu famoso discurso no areópago, Lucas expressou isso em palavras que os filósofos gregos conseguiam entender: "É nele que vivemos, nos movemos e existimos, como alguns de vossos poetas disseram: 'Porque somos também de sua raça'" (At 17,28). Deus está em tudo, e nós nos movimentamos nele, porque em tudo que nos cerca Ele nos envolve com sua presença.

Santo Agostinho se ocupou muito com a questão da transcendência. Devido à sua origem platônica, ele faz uma distinção entre o mundo mutável das aparências e o mundo das ideias, que subjaz ao mundo das aparências e transcende este. Mas Agostinho gira constantemente em torno da tensão entre transcendência e história; o Deus transcendente é também o Deus que define a história. E Agostinho parte então da transcendência externa em direção à transcendência interna. O espírito do ser humano mantém um relacionamento não só com o absoluto, que transcende toda realidade terrena; ele se volta também para si mesmo e retorna para o fundo de sua própria alma. Agostinho chama esse caminho para dentro de "transposição" da alma para seu próprio fundamento. Deus é mais imanente à alma do que ela o é a si mesma. Agostinho escreve: "Não queira ir para fora, volte para dentro de si. É no interior humano que reside a verdade!" (*Vera rel*, 39,72, apud BOROS, p. 97). E nessa verdade reside Deus. Em suas *Confissões*, Agostinho se dirige a esse Deus: "Tu [meu Deus], porém, eras mais íntimo do que meu mais íntimo e mais alto do que o meu mais alto" (*Com*, III 6,11, apud BOROS, p. 97). Toda a ambição de Agostinho visava transcender todo o visível e também os próprios sentimentos e pensamentos, para alcançar aquele espaço no qual reside o próprio Deus. Mas Agostinho afirma que esse espaço interior não é um espaço, nós podemos apenas designá-lo como tal; Deus não reside em um lugar, Ele é sem lugar. Em suas *Confissões*, Agostinho pergunta a Deus: "Onde, então, eu te encontrei para poder conhecer-te? Pois ainda não estiveste em meus pensamentos antes de te conhecer. Onde, então, te encontrei para te conhecer senão em ti mesmo, acima de mim? E em lugar algum existe um lugar; nós nos afastamos, nós nos reaproximamos; mas em lugar algum existe um lugar. Ó verdade, Tu estás em toda parte para todos os que pedem o teu conselho" (*Com*, XXVI, 37, apud BALTHASAR, p. 265).

Todos esses pensamentos sobre a transcendência aparentam ser uma fuga do mundo. No entanto, as aparências enganam. Agostinho encontra Deus na beleza do mundo; a beleza de Deus se derramou sobre o mundo, e assim Agostinho contempla o mundo com os olhos da fé. Ele reconhece Deus em tudo; Deus reside em tudo (*Deus interior omni re*). Mesmo assim, as coisas remetem a algo que as transcende, elas remetem a Deus, que se encontra além de todas as coisas. Em suas *Confissões*, Agostinho descreve essa travessia que transcende o mundo sob o ponto de vista de sua beleza interior: "Atravessamos aos poucos o mundo inteiro, o céu, a terra, o sol, a lua, as estrelas, os pastos da verdade, o passado e o futuro, as águas, os polos do mundo, a alma, os sonhos, as proclamações da imaginação, a língua, a língua da carne, a voz dos anjos, o trovão das nuvens, o enigma do mistério – e silenciosamente tocamos Deus com a elevação plena do nosso coração" (*Com*, IX 10, 24s., apud BOROS, p. 104).

Para Agostinho, Deus representa o desafio de transcender a si mesmo e ao mundo e, ao mesmo tempo, mergulhar profundamente no mundo e no próprio interior para reconhecê-lo no íntimo da alma e em todas as coisas deste mundo como aquele que pode satisfazer todos os nossos anseios mais profundos. Nosso anseio é incendiado pela beleza do mundo, pela beleza da música. Mas nosso anseio transcende o mundo; quando entramos em contato com o anseio, também entramos em contato com nossa alma. Assim, o ser humano é, em sua natureza, um ser que vive e se envolve completamente com este mundo, mas que, ao mesmo tempo, o transcende com seu anseio em direção a Deus e ao íntimo do espírito no qual Deus habita nele.

Os pensamentos de Santo Agostinho sobre a transcendência me fascinam, mas eu ressaltaria um pouco mais a imanência de Deus. Ele está em tudo o que é, na matéria, nas plantas, nos animais e nas pessoas; Deus é o fundamento de todo ser.

A teologia chama isso de "panenteísmo", que é diferente de panteísmo, que acredita que tudo é Deus. O panenteísmo, por sua vez, não identifica a natureza com Deus, mas acredita que Deus está em tudo; mesmo assim, Ele é diferente de tudo.

Se eu tivesse que dar uma resposta às declarações de Santo Agostinho, diria que o objetivo de minha vida não é transcender este mundo, mas tornar-me permeável para o Espírito de Jesus. O que almejo é transparência; quero que o amor de Jesus transpareça em minhas palavras, em meus atos, em todo meu corpo. Para mim, a palavra de Jesus sobre o olho como luz se tornou uma imagem para a transparência. Ele diz: "O teu olho é a lâmpada do corpo. Se o teu olho for sadio (*haplous* = simples), todo o corpo ficará iluminado; se for doente (*poneros* = mau), também o corpo estará no escuro. Cuida, pois, que a luz que está em ti não seja escuridão. Porque, se todo o corpo estiver iluminado e não houver parte escura, todo ele brilhará como uma lâmpada, quando te iluminar de vivo esplendor" (Lc 11,34-36). Os meus olhos revelam se eu sou transparente para o Espírito de Jesus, para sua luz, para seu amor. Quando os olhos brilham com luz, amor, bondade e misericórdia, então o amor de Jesus brilha em meus olhos e ilumina o mundo. E eu transformo este mundo por meio do amor de Jesus, que transparece em meu corpo e assim ilumina o meu ambiente; não só as pessoas, mas também a natureza ao meu redor. Tomás de Celano observou o efeito do amor que emana de São Francisco sobre a natureza: "E foi maravilhoso ver que até mesmo as criaturas irracionais reconheciam o afeto que o santo nutria por elas, e sentiam seu amor e carinho" (apud BOFF, p. 371). Essa foi uma experiência que o nosso antigo Abade Fidelis Ruppert também pôde fazer quando passou alguns dias na selva no Peru. Ele disse: Quando estou em paz comigo mesmo, quando o amor de Jesus brilha e transparece em mim, então estou em paz com a criação. Nesse momento, os animais selvagens não me ameaçam. A lenda do lobo de Gubbio, que acompanhava São Francisco pacificamente, pode ser perfeitamente verdadeira. Os animais selvagens percebem quando as pessoas emanam algo do Espírito de Jesus. Cria-se então uma união entre cosmos e ser humano.

Não é apenas o ser humano que é transparente para Deus, mas o cosmos inteiro. Teilhard de Chardin, o místico e pesquisador francês, fala não só da transparência do cosmos para o amor divino; ele cunha também o conceito "diafania", que descreve como Deus transparece no universo. O amor de Deus transparece em tudo: na matéria, nas plantas, nos animais e nos seres humanos. Teilhard defende uma mística cósmica que começa com o

> brilho da matéria, que, de modo imperceptível, se transforma no ouro do espírito, para,

> finalmente, se manifestar no fogo de algo universal e pessoal; tudo isso é impregnado, animado e preenchido pelo sopro da união e do feminino. Eu descobri isso por meio do contato com a terra: a transparência do divino no coração do universo ardente (TEILHARD DE CHARDIN, p. 28).

Em sua juventude, o ponto de partida de Teilhard foi a devoção de sua mãe ao Sagrado Coração de Jesus. Mas ele transforma essa piedade, aplicando-a ao cosmos. Para o jovem Teilhard, o Sagrado Coração de Jesus era o fogo capaz de "penetrar tudo, de se transformar em tudo, [...] de invadir o ambiente cósmico para amorizá-lo" (p. 67). Ele afirma que o cosmos inteiro é impregnado do amor de Cristo e que ele é transparente para esse amor. Ele também fala do amor com o qual devemos amar o cosmos; o nosso amor ao cosmos o transforma cada vez mais em direção a Cristo; ele conecta "num processo da deificação todas as paixões movedoras da terra" (p. 78).

Teilhard substitui o conceito bíblico de epifania (que expressa a manifestação da glória de Deus em Jesus Cristo no nosso mundo) pelo conceito da diafania. O mundo inteiro é impregnado do amor de Cristo. Por isso, a mística consiste em contemplar este mundo com outros olhos. Já Evágrio Pôntico tinha falado sobre a *theoria physike*, da contemplação do mundo. Uma forma de mística dos primeiros monges consistia em meditar sobre o mundo de tal forma que eles reconheciam Deus em tudo. Evágrio fala da *gnosis ton onton alethes*, que poderíamos traduzir como: Visão da essência de todas as coisas. Eu contemplo o cosmos de tal modo que ele se torna transparente para o fundamento primordial, para Deus, para o amor, que, segundo Teilhard, é a essência de Deus.

# Conclusão

Minha espiritualidade visa sobretudo a individualidade pessoal. É uma espiritualidade mística que culmina no fato de que Deus habita em nós, de que Ele nasce em nós e de que existe em nosso interior um espaço de silêncio no qual o Reino de Deus está presente, no qual Ele governa em nós. Através da leitura dos escritos de Leonardo Boff reconheci, porém, que preciso ampliar a minha visão. Desde sempre tenho falado sobre meu relacionamento com a natureza, descrito que convivo com ela em atitude de respeito e cuidado, e como desenvolvo um relacionamento espiritual com ela, admirando nela a beleza de Deus. A beleza é um rastro de Deus que tem se tornado cada vez mais importante para mim, sendo que na beleza da criação posso contemplar Deus, que, para Plotino, é a beleza primordial.

Agora, porém, passei a compreender que não posso me ver apenas como interlocutor ou contraparte da natureza, mas como ser humano profundamente unificado com o cosmos, e que tudo o que acontece em mim tem efeitos sobre o cosmos. Hoje em dia não podemos descrever uma espiritualidade que não leve em consideração também a união interna com o cosmos. Espero, então, que meus pensamentos, que se referem à habitação de Deus em cada ser humano, estejam abertos também à visão que Leonardo Boff descreve como "diafania do cosmos", como transparência da beleza e do amor de Deus em tudo o que é. Quando descubro Deus no fundo da minha alma, quando descubro que Ele habita em mim, sinto-me profundamente unido ao fundamento de todo ser, ao cosmos. E na união com Deus experimento sempre aquele Deus que, como amor, é a origem e o fundamento de todo o cosmos.

# Literatura

AUGUSTINUS, A. *Die Bekenntnisse*, trad. Hans Urs von Balthasar, Einsiedeln 2002 [trad. Hans Urs von Balthasar].

_____. *Aufstieg zu Gott*. Olten, 1982 [org. e trad. Ladislaus Boros].

BOFF, L. & HATHAWAY, M. *Befreite Schöpfung – Kosmologie – Ökologie – Spiritualität*. Kevelaer, 2016.

CLARK, M.T. "Die Dreieinigkeit in der lateinischen Christenheit". In: McGUINN, B. *Geschichte der christlichen Spiritualität*. Vol. 1. Würzburgo, 1993, p. 285-298.

CONZELMANN, H. *Der erste Brief an die Korinther*. Göttingen, 1969.

DELP, A. *Gesammelte Schriften*. Vol. 4. Frankfurt, 1984.

HIRSCHBERGER, J. "Der platonische Eros". In: MAURUS-AKADEMIE, R. (org.). *Was heisst Liebe? – Zur Tradition eines Begriffes*. Frankfurt, 1982, p. 30-46.

JUNG, C.G. "Symbole der Wandlung". *Ges. Werke.* Vol. 5. Olten 1973.

_____. *Ges. Werke.* Vol. 11. Zurique, 1963.

LOTZ, J.B. "Die Liebe als Herausforderung des Menschen". In: MAURUS-AKADEMIE, R. (org.). *Was heisst Liebe?* – Zur Tradition eines Begriffes. Frankfurt, 1982, p. 9-29.

MEISTER ECKHART, *Einheit mit Gott.* Düsseldorf, 2002 [MIETH, D. (org.)].

PONTICUS, E. *Praktikos* – Über das Gebet. Münsterschwarzach, 1986.

RAHNER, H. "Die Gottesgeburt – Die Lehre der Kirchenväter von der Geburt Christi im Herzen des Gläubigen". *Zeitschrift für katholische Theologie,* vol. 59, 1935, p. 333-418.

RUH, K. *Geschichte der abendländischen Mystik.* Vol. I. Munique, 1990.

SCHERER, G. "Die Liebe im Denken Gabriel Marcels". In: MAURUS-AKADEMIE, R. (org.). *Was heisst Liebe?* – Zur Tradition eines Begriffes. Frankfurt, 1982, p. 112-133.

TEILHARD DE CHARDIN, P. *Das Herz der Materie.* Olten, 1990.

# PARTE II

## O DIVINO
### NO UNIVERSO

◆

*Leonardo Boff*

As modernas ciências do universo, da Terra e da vida nos revelam a imagem de um mundo em processo de evolução, de expansão, de complexificação e de autocriação, que nos permite colocar uma questão interessante: Como o sagrado pervade essa realidade e como, finalmente, o próprio Deus irrompe do meio desse incomensurável processo ainda em curso?

Para realizarmos esta diligência precisamos recolher os dados mais seguros das ciências do universo, da Terra e da vida, que nos darão os fundamentos para a nossa reflexão.

# 1

## As várias etapas do surgimento do universo

É assente hoje por grande parte da comunidade científica que tudo se originou a partir de uma incomensurável explosão, chamada de *big bang*. Foi silenciosa, porque não havia ainda o espaço e o tempo para recolher o seu ribombar. Dessa primeira singularidade surgiu o universo. Para se constituir da forma como hoje chegou a nós, ele percorreu várias etapas que resumidamente descreveremos.

### O momento cósmico

O primeiro momento é o *cósmico*. Um ínfimo ponto, inimaginavelmente quente, mas carregado de energias e de potencialidades, num determinado momento explodiu.

Deu origem a um formidável caos inicial, a uma incomensurável instabilidade e a uma imensa desordem. Esse caos, entretanto, não é caótico. É generativo. Dele provêm todas as coisas, ordenadas, porque nele estão contidas todas as virtualidades e possibilidade de futuras realizações. Depois da explosão começa a expansão, colocando ordem na desordem originária através de configurações cada vez mais complexas.

## O momento químico

Em seguida comparece o *momento químico*. No interior das grandes estrelas vermelhas se forjaram, em bilhões de anos de trabalho, todos os elementos físico-químicos pesados que entram na composição de todos os corpos do universo, inclusive dos nossos, e que são fundamentais para a vida. Assim, não há vida sem que haja a presença do carbono, do hidrogênio, do oxigênio, do nitrogênio, do ferro, do fósforo, do enxofre e de todos os demais elementos da escala periódica de Mendeleev. São os elementos básicos, muitos dos quais estão viajando ainda pelo espaço interestelar.

Aqui ocorreu um equilíbrio extremamente sutil das quatro energias fundamentais (a gravitacional, a eletromagnética, a nuclear fraca e forte), pois, caso contrário, não surgiria o universo assim como o conhecemos atualmente. Diz o grande matemático e astrofísico Stephen Hawking em seu *Breve história do tempo* (1988): "Se a carga elétrica do elétron tivesse sido ligeiramente diferente, as estrelas teriam sido incapazes de queimar o hidrogênio e o hélio, ou então não teriam explodido [...]. Seria difícil explicar por que o universo teria começado dessa maneira, a não ser como um ato de um Deus criador que quisesse criar seres como nós" (p. 63).

Francis Collins, diretor do Projeto Genoma Humano, reafirma: "O próprio *big bang* aponta fortemente para um Criador, já que, caso contrário, a pergunta sobre o que veio antes fica suspensa no ar" (*A linguagem de Deus*, 2007, p. 83).

## O momento biológico

Bem mais tarde na evolução se deu o *momento biológico*. A explosão dessas estrelas gigantes, espalhando seus elementos em todas as direções, deu origem às galáxias, às estrelas e aos demais corpos celestes. A matéria e os campos energéticos se complexificam mais e mais, e daí surgiu, como imperativo cósmico, há 3,8 bilhões de anos, a vida como auto-organização da matéria (que nunca é material, mas sempre interativa porque representa energia altamente condensada).

## O momento antropológico

Da história da vida, como um subcapítulo dela, emergiu o *momento antropológico:* a vida humana como expressão de uma complexidade avançada da evolução. Isso ocorreu há uns 7 milhões de anos com o aparecimento dos antropoides, nossos ancestrais. Há cem mil anos entrou em cena o homem atual, *sapiens sapiens*, que se caracteriza pela consciência reflexa, pelo espírito, pela liberdade, pela autocriação e por ter suscitado a temática de Deus.

Os humanos, por sua vez, partindo da África, de onde sugiram (nesse continente viveram cerca de 3 milhões de anos – por isso é possível dizer que somos todos africanos), levaram ainda mais longe a complexidade, expandindo-se por toda a Terra, ocupando todos os espaços, adaptando-se e modificando todos os ecossistemas – no solo, no subsolo, no ar e fora da Terra –, criando vilas, cidades e as mais diversas configurações culturais.

### O momento da geossociedade

Hoje estamos assistindo *ao momento da geossociedade,* quer dizer, da construção de uma única grande sociedade mundial, morando na mesma Casa Comum, o Planeta Terra. Esse imenso processo se realiza por meio de uma vasta rede de comunicações de todo gênero, conferindo a consciência de que formamos uma comunidade-destino: Terra e Humanidade. É o momento da mundialização; não mais o tempo das nações, mas o tempo da Terra.

### O momento ecozoico

Mais recentemente irrompeu-se o momento *ecozoico,* termo introduzido pelo cosmólogo Brian Swimme e pelo antropólogo das culturas Thomas Berry. Parte-se da constatação de que cresce mais e mais a consciência de nossa responsabilidade coletiva pelo futuro do sistema-vida e do sistema-Terra.

A *ecologia* ganha centralidade, vale dizer, a preservação das condições físico-químicas e ecológicas que sustentam a vida e o nosso ensaio civilizatório. É o momento ecozoico, a fase atual de nossa história.

Por fim, nos damos conta de que estamos inseridos num processo universal que ultrapassa a Terra, o sistema solar e alcança todo o universo.

# 2

# Tudo no universo é relação e está interligado

Cresce em nós a consciência de que temos a ver com um todo dinâmico e orgânico, constituindo um sistema aberto. Nada acabou de nascer, mas ainda se encontra em gênese. Por isso preferimos falar em cosmogênese, em vez de em cosmos; em antropogênese, em vez de em antropologia.

A evolução não se processa linearmente, mas por rupturas e saltos a ordens mais complexas e mais altas. O todo é uno e dinâmico, mas contém uma diversidade inimaginável de seres e de energias. Os seres, energias e as ordens são todas interconectadas entre si, como tão enfaticamente o afirma a encíclica do Papa Francisco sobre *O cuidado da Casa Comum* (p. 87, 137, 142 e passim). Tudo tem a ver com tudo em todos os pontos, circunstâncias e tempos.

A conectividade revela a cooperação de todos com todos. Essa é a lei mais fundamental do universo:

a sinergia, a solidariedade, a mutualidade e a co-operação. Todos e tudo conspiram para que cada ser e para que cada ordem continuem a existir e a coevoluir.

A seleção natural pela competição e vitória do mais apto (Darwin) deve ser entendida dentro – e não como alternativa – desta universal conspiração cooperativa de todos com todos.

Tal interdependência e cooperação faz com que todos se complementem mutuamente. Nada é supérfluo ou vem excluído. Até as ervas silvestres, comenta o Papa Francisco, a seu modo louvam a Deus (p. 12), pois "o mundo é algo mais do que um problema a resolver, é um mistério gozoso que contemplamos na alegria e no louvor" (p. 12).

Todos concorrem para a grandeza e a beleza do todo orgânico e dinâmico. A evolução é sempre coevolução, nunca somente de um ser, de uma espécie ou de um ecossistema, mas da totalidade que evolui conjuntamente.

Essa mutualidade e reciprocidade de todos com todos garante a sustentabilidade dos sistemas e de seus representantes. Quer dizer: quanto maior for a rede de inter-retro-conexões, mais garantida será a sobrevivência no presente e também no futuro (cf. BOFF, L. *Sustentabilidade: o que é e o que não é*, 2010).

O equilíbrio que preside a todo o processo é dinâmico, sempre aberto a novos patamares de realização. Isso se deve ao caráter permanentemente autocriativo e auto-organizativo do processo, sujeito a permanentes flutuações e distanciamentos do equilíbrio que, por sua vez, provocam a busca de um outro ponto de equilíbrio, esse também dinâmico e aberto, e assim indefinidamente.

A vida, segundo Ilya Prigogine (1917-2003), Prêmio Nobel de Química de 1977, surgiu de uma situação longe do equilíbrio (do caos), que pela emergência da vida construiu um novo equilíbrio. A vida projeta o que Prigogine chama de *estruturas dissipativas*, isto é, que dissipam a entropia e fazem dos rejeitos naturais novas fontes de energia, e assim prolongam sua existência. Da mesma forma, a biodiversidade remete a equilíbrios diferentes, todos eles dinâmicos e interconectados.

A evolução jamais é só adaptação de todos com todos dentro dos ecossistemas, mas é também troca de informações e aprendizado.

A matéria e todas as coisas são portadoras não apenas de massa e de energia, mas também de informação, porque estão permanentemente em interação, em processos de troca, assimilação, rejeição, composição e aprendizagem. Todos vêm marcados por esse processo ininterrupto, fazendo com que todos os seres tenham história, irreversibilidade, certos níveis de interioridade e de subjetividade.

O universo, portanto, não é a soma de todos os objetos existentes, mas a articulação de todas as redes de relações e conexões de todos entre si. Essa capacidade de estabelecer relações e consequentemente criar unidades, chamadas campos, é o que constitui o espírito no universo. Ele é o sustentáculo da pan-relacionalidade de tudo com tudo. Como esse processo comparece desde o primeiríssimo momento, quando os elementos primordiais começaram a se relacionar (topquarks, prótons e nêutrons), os germens do espírito têm a mesma ancestralidade que o universo.

Todos, porque estão sempre se conectando, à sua maneira são portadores de espírito. O *princípio* da relacionalidade é sempre o mesmo, apenas o *grau de realização* varia. Entre o espírito de uma montanha e o nosso funciona o mesmo princípio de relacionalidade (a montanha se relaciona com o Sol, com os ventos e as chuvas, com as energias da Terra, do universo e com a pessoa que os contempla), mas em grau diferente. Na montanha, de forma rudimentar, mas real na sua singularidade, e em nós, de forma altamente densa, reflexa e consciente.

O todo revela propósito e sentido. Se o universo quisesse atingir o ponto que hoje atingiu, deveria ter feito exatamente tudo o que fez. Segundo o princípio andrópico fraco, se as coisas, nos mínimos detalhes, não tivessem ocorrido como ocorreram, nós não estaríamos aqui para falar delas.

Por esta razão afirmou o famoso físico britânico Freeman Dyson (* 1923): "Quanto mais examino o universo e os detalhes de sua arquitetura, mais acho evidências de que o universo sabia que um dia, lá na frente, iríamos surgir" (*Disturbing the Universe*, 1979, p. 250).

O propósito do universo não é apenas perpetuar o que existe, mas ocasionar a realização das potencialidades existentes no próprio universo e em cada ser nele existente e por existir. O real é, então, *real-ização*, isto é, uma ação que se realiza, algo sempre por fazer.

A ordem explícita remete a uma ordem implícita, como o sustentou o físico David Bohm (1917-1992), que viveu e ensinou no Brasil de 1951 a 1955, e o todo postula um conjunto superior inteligente, o que permite a muitos cosmólogos sustentarem a visão de que o universo é autoconsciente e portador de espírito (cf. *O Tao da libertação*, p. 429ss.).

Por fim, essa cosmovisão nos obriga a pensar a realidade não como uma máquina, mas como um organismo vivo; não como blocos estanques, mas como sistemas abertos e em redes de relação. A tendência de cada ser de se *autoafirmar* é complementada pela tendência a se *integrar* num todo maior. Importa, pois, passar das partes para o todo, dos objetos para os sujeitos, das estruturas para os processos, das posições para as relações.

Tudo no universo é, pois, co-criativo, co-participativo, conectado, ligado e re-ligado a tudo e a todos.

# 3

# O nosso lugar dentro da cosmogênese

Antes de mais nada, o ser humano é parte e parcela do universo em evolução e um elo da cadeia da vida. Quando 99,98% da Terra já estavam constituídos, ele irrompeu. A Terra não dependeu dele para elaborar sua intrincada complexidade e rica biodiversidade. Ele é fruto desse processo, e não causa dele. O antropocentrismo convencional, ao afirmar que todas as coisas da Terra e do universo só têm sentido quando ordenadas ao ser humano, está fora de lugar. Essa postura desconhece a relativa autonomia de cada coisa (por isso deve ser respeitada) e os laços de conectividade de todos com todos, fazendo que todos se ordenem a todos. Talvez ninguém fez uma crítica mais severa ao antropocentrismo do que o Papa Francisco em sua Encíclica *Laudato Si' – Como cuidar da Casa Comum*, denunciando-o como o principal fato da crise ecológica atual (p. 115-136).

Entretanto, o ser humano possui uma singularidade: pode intervir intencionalmente na natureza. Por um lado ele se encontra *dentro* da natureza como parte dela; por outro, ele está de *frente* à natureza, como quem pode intervir nela. Ele co-pilota, então, o processo da evolução dentro do qual ele próprio co-evolui. Torna-se, pois, um ser co-responsável e o cuidador da herança sagrada recebida do universo ou de Deus. É a sua dimensão ética.

O princípio axial dessa ética da co-responsabilidade pode ser assim formulado: "Aja de tal maneira que os efeitos de sua ação sejam benéficos para os seres e para as relações de todos com todos". Ou também pode ser formulado na perspectiva da negação: "Aja de tal maneira que os efeitos de sua ação não sejam destrutivos dos seres e das relações de todos com todos" (cf. JONAS, H. (1903-1993). *Princípio responsabilidade*, 2006).

Em termos do cuidado o imperativo seria: "Cuide de tudo o que existe e vive para que possam continuar a existir e a viver. Se amas, também cuidas; se cuidas, também amas, pois sem o cuidado nenhuma forma de vida poderá subsistir" (cf. BOFF, L. *O cuidado necessário*, 2013).

Portanto, o ser humano pode intervir no sentido da própria natureza, com responsabilidade e cuidado, potencializando virtualidades presentes, como pode intervir freando, frustrando e destruindo virtualidades. Ele pode ser o anjo bom, o guardião e o jardineiro, como pode ser o satã e o destruidor da Terra.

Não podemos esquecer de que nós mesmos somos Terra (cf. Gn 2,7), aquela porção da Terra que num momento avançado de sua evolução e complexidade começou a sentir, a pensar, a amar, a se responsabilizar e a cuidar. Então surgiu o ser humano, homem e mulher. Somos, pois, Terra que sente, pensa, ama, cuida e venera.

Diz-nos o pai da ecologia norte-americana Thomas Berry (1914-2009): "O ser humano, menos do que um ser habitando na Terra, é sobretudo uma dimensão da Terra e de fato do próprio universo; a formação do nosso modo de ser depende do apoio e da orientação dessa ordem universal; no universo cada ser se preocupa conosco" (*O sonho da Terra*, 1998).

Através das crises pelas quais passam a inteira humanidade e o sistema-Terra, mais e mais cresce em nós a consciência de que somos decisivos para a continuidade da vida e do equilíbrio do planeta. Cuidando da Terra estaremos cuidando de nós mesmos, garantindo o futuro da vida e a nossa perenidade dentro da Casa Comum.

Antes de abordarmos a questão de Deus e sua consequente espiritualidade, devemos comentar dois pressupostos indispensáveis: o que havia antes do *big bang* e o resgate da razão sensível.

# 4

# Fonte Originária
# de todo Ser

Uma pergunta intriga sempre os cosmólogos: Se tudo começou com a primeira singularidade que foi o *big bang*, o que havia antes dele? Quem fez surgir aquele ínfimo ponto que depois explodiu e deu origem ao universo assim como o conhecemos? Presumem os astrofísicos que nos primeiríssimos momentos após a explosão inaugural ocorreu um fenomenal choque entre a matéria e a antimatéria. Esta foi aniquilada, permanecendo apenas um bilionésimo de massa, que são as *partículas* elementares das quais se formou todo o universo.

Até onde podemos remontar? Há o famoso muro de Max Planck (1888-1942), para além do qual não poderemos ir. Poderíamos chegar a uma proporção absurdamente pequena (quatorzilhonésimos?) de segundo (10 com potência de -43 segundos) após o *big bang*. Não podendo espiar o que haveria para além dele; portanto, antes, projetou-se a ideia do assim chamado "Vácuo Quântico", expressão inadequada porque diz exatamente o contrário do que a palavra "Vácuo" significa.

Aquele Vácuo representa a plenitude de todas as possíveis energias e informações e suas eventuais densificações como massa, matéria e energia nos seres existentes. Dai se preferir hoje as expressões: "Energia de Fundo, *Pregnant Void* (Vácuo Grávido), Abismo Alimentador de todo o Ser ou Fonte Originária de todo o Ser", expressão preferida pelo já citado cosmólogo Brian Swimme (*The Universe Story*, 1991; *Journey of the Universe*, 2012). Desse transfundo de Energia Suprema proveio o ponto inicial e eventualmente outros pontos, capazes de originar outros universos paralelos ou diferentes do nosso.

Essa Fonte Originária, por sua natureza, não poderia ser representada pelas categorias de espaço e tempo que ainda não existiam e que surgiram apenas com a expansão do universo.

Astrofísicos imaginam-no como uma espécie de vasto oceano sem margens, ilimitado, inefável, indescritível e misterioso no qual, como num útero infinito, estão hospedadas todas as informações, possibilidades e virtualidades de ser que vão emergindo ao longo da cosmogênese, na medida em que esta avança, se complexifica e se interioriza (cf. HATHAWAY, M. & BOFF, L. *O Tao da Libertação*, p. 261-264).

E esta Energia de Fundo está em tudo; sem ela nada poderia subsistir. Como seres conscientes e espirituais, somos uma realização complexíssima, sutil e extremamente interativa desta energia.

Esse mar infinito, misterioso, inominável não seria a própria presença de Deus? Teologicamente, entretanto, cabe afirmar que Deus é *semper maior*, ultrapassa todos os limites e nossas formas de representação. Se não for Deus, é a sua mais expressiva metáfora. Curiosamente, a tradição do Tao se refere também a esse Vazio pleno quando no *Tao Te Ching* (§ 4) afirma: "o Tao é um vazio em turbilhão, sempre em ação e inexaurível. É um abismo insondável, origem de todas as coisas e o que unifica o mundo".

O ser humano possui esta singularidade: pode sentir dentro de si essa Energia que o toma e o ultrapassa. Pode abrir-se a ela, como também pode negá-la, sem contudo conseguir que ela, de alguma forma, deixe de atuar. Quando a invoca e a interioriza, potencia sua própria energia em termos de entusiasmo, de coragem, de amor, de força, de resistência e de criatividade.

# 5

# Como Deus surge de dentro do universo

Constatada essa Fonte Originária de todo Ser, o Vazio grávido de tudo, cabe a pergunta: Como irrompe Deus de dentro do universo, de forma que podemos captar pelo menos sinais de sua presença e atuação?

Esta questão não nos deixa indiferentes. Ela também tem a ver com sua própria existência e com o futuro de todas as coisas. Max Planck (1888-1942), o primeiro a introduzir os *quanta* de energia, com humildade reconheceu: "A ciência não pode resolver o mistério da natureza porque, em última análise, nós próprios somos parte da natureza e consequentemente parte do mistério que procuramos desvendar" (cf. HATHAWAY, M. & BOFF, L. *O Tao da libertação*, p. 251).

Mas é sobre este Mistério que nos cabe refletir a respeito de como emergiu em nossa consciência. Se emergiu em nós, é sinal de que antes estava no universo. Caso contrário, não entraria em nossa consciência, pois somos a parte consciente e inteligente do universo. Este questionamento somente nós, seres conscientes, podemos suscitar; é uma de nossas singularidades perguntar pelo princípio de todas as coisas (cf. KÜNG, H. *O princípio de todas as coisas*, 2007) e por um Sentido dos sentidos. Sabemos que há cientistas que sustentam não haver nenhum propósito no universo. Mas isso contradiz um anseio radical do humano, manifestado em todas as culturas. Contra isso, argumentou Albert Einstein:

> Qual é o sentido de nossa vida, o sentido de todos os seres viventes? Responder a esta pergunta é ser religioso. Isso não significa inscrever-se em alguma confissão religiosa, mas alimentar um sentimento cósmico. Mesmo assim alguém pode perguntar: Há algum sentido colocar esta questão? Se alguém imaginar que sua vida e a vida de seu próximo é sem sentido, este não é apenas um infeliz senão que não é digno da vida (*Como vejo o mundo*, 1981).

O universo é cheio de propósito que o vai revelando a cada passo de sua evolução. Há uma linha ascendente, observável quando olhamos para trás: do Vácuo Quântico passamos ao ponto inaugural que depois explodiu, da explosão passamos à energia, da energia à matéria, da matéria à complexidade, da complexidade às ordens reguladas,

das ordens reguladas à consciência, da consciência à descoberta do "Deus" dos mil nomes. É um ato de razão dar-se conta dessa ascensão e progressão ascendente.

Mas cabe a pergunta: De onde irrompeu aquele ponto do qual se originou todo o nosso universo? Não pode ser do nada, porque do nada não vem nada. Deve provir de algo que é antes do antes. Essa indagação não é meramente intelectual, mas autoimplicativa, pois envolve a existência de quem pergunta. Ela nasce do maravilhamento da imensidade do universo, como nos é revelado com dados cada vez mais espantosos: dos milhões e milhões de galáxias com trilhões de estrelas e demais corpos celestes. Reverentes, nos perguntamos: Quem se esconde atrás da via láctea e move todas as estrelas?

Enclausurados em nossos escritórios higienizados, desenraizados da natureza ou absortos em nossos laboratórios de pesquisa, podemos fazer as mais fantásticas viagens mentais, inclusive colocar tudo sob suspeita. Mas não podemos ficar indiferentes ao despertar da primavera e diante do esplendor da natureza, de suas flores e da beleza de um quetzal da Mesoamérica ou de um colibri. É ter embotado o espírito se não nos admirarmos com o aparecimento do sol depois de terrível borrasca; é insano rir da beleza do enamoramento entre duas pessoas que se amam.

Como não se encher de encantamento diante de uma criança que acaba de vir ao mundo?

Desse estado de consciência é que emerge a pergunta pela Grande Realidade. Ninguém o expressou melhor do que o astronauta Eugene Cernan, que pôde contemplar a Terra de fora da Terra:

> Eu fui o último homem a pisar na Lua em dezembro de 1972; o que eu via era demasiadamente belo para ser apreendido, demasiadamente ordenado e cheio de propósito para ser fruto de um mero acidente cósmico; a gente se sentia, interiormente, obrigado *a louvar a Deus*; *Deus deve existir* por ter criado aquilo que eu tinha o privilégio de contemplar; espontaneamente surgia *a veneração e a ação de graças*; é para isso que existe o universo" (WHITE, F. *Overview Effect*, 1987).

O que escrevemos acima nos revela a presença da inteligência sensível ou cordial, no interior da qual emerge a pergunta por Deus. Como se depreende, ela vai além ou fica aquém da inteligência racional. Ela nos fala no profundo do nosso sentimento, onde as coisas são mais do que coisas, são símbolos, valores e comoções que movem nossos corações. Essa dimensão foi muito bem-explicitada em um texto de Anselm Grün que mostra como Deus e o Mistério são captados e traduzidos por grandes símbolos que habitam nossa interioridade, tão bem-percebidos pelos místicos.

Do transfundo dessa experiência que envolve todo o universo nos vem a clara percepção de que um Criador amoroso e bom tirou do Vácuo Grávido aquele ponto minúsculo menor do que a cabeça de um alfinete, infundiu-lhe incomensurável energia da qual tudo o que existe, subsiste e persiste. Deve ser alguém sumamente inteligente, infinitamente para além de nossa capacidade de inteligibilidade; alguém que está na origem e na base de todo o universo. Continuamente pronuncia a palavra *"fiat"* ("faça-se"). Caso contrário, tudo voltaria ao Vácuo Grávido ou ao nada. A todo momento sustenta e atrai a evolução para cima e para frente, rumo a um destino que nos escapa, mas que seguramente será de suprema plenitude e bondade.

Socorre-nos um pequeno comentário de Stephen Hawking: "Por que o universo se dá ao trabalho de existir? Se descobrirmos a resposta para isso, ela será o maior triunfo da razão humana, porque aí conheceremos a mente de Deus" (*Breve história do tempo*, p. 191).

É tarefa da ciência, no exercício da razão intelectual, buscar uma resposta. Mas é o testemunho perene da razão cordial afirmar uma resposta que traduz o propósito da mente infinita e amorosa de Deus.

David Bohm, o físico já citado por nós, aberto às questões religiosas e espirituais, bem afirmou: "As pessoas intuem uma forma de inteligência que no passado organizou o universo e a personalizaram chamando-a de Deus" (cf. WEBER, R. *Diálogo de cientistas e sábios*, 1988, p. 40). O filósofo Jean Guitton (1901-1999), em diálogo com dois astrofísicos russos sobre Deus e a física, mostra-se mais modesto: "Não ouso nomeá-lo, pois qualquer nome é imperfeito para designar o Ser sem semelhança" (*Deus e a física*, 1992, p. 153).

A resposta mais razoável, adequada ao que poderia ser o pensamento de Deus seria esta: Deus criou o universo porque não quis ficar apenas só em sua eterna comunhão trinitária. Quis companheiros e companheiras no amor. Em um momento de sua extravasão criou todos os seres como expressão de sua superabundância. Criou-os como revérberos de seu amor. E a nós para que servíssemos de espelhos para que Ele pudesse ver a si mesmo (é por isso que somos "suas imagens e semelhanças"). Criou-nos para que pudéssemos captar a majestade das galáxias e do céu estrelado e nos enchêssemos de temor reverencial, de profundo respeito e de reverência.

Através de nós, o universo vê a si mesmo e toma consciência de sua grandiosa complexidade. Quando, encantados, olhamos para as miríades de estrelas, são elas que através de nossos olhos veem a si mesmas. Estamos sempre em comunhão com elas, que permanentemente nos acompanham. Por essa razão, não tememos a escuridão da noite porque amamos as estrelas de onde um dia viemos e somos iluminados em cada noite por elas.

# 6

## Uma pré-condição para perceber Deus no universo: o resgate da razão sensível

Não basta conhecer a dinâmica da cosmogênese. Esta é uma operação da inteligência intelectual. Nós queremos sentir Deus e o sagrado no universo e irradiando dentro de nós.

Para isso temos de passar da cabeça ao coração. Importa completar a razão analítica com a razão sensível ou cordial. É aqui que se realiza a espiritualidade, que é mais do que pensar Deus; é senti-lo a partir da dimensão mais profunda de nós mesmos.

Se nos restringimos meramente à razão intelectual e analítica corremos o risco de nos fazer insensíveis diante das mensagens que nos vêm de todas as partes, da *grandeur* do universo, do encanto face à pluralidade de formas de vida na Terra; especialmente nos tornamos moucos face ao grito do oprimido e dos gemidos da criação assujeitada pela vontade irrefreável de acumular bens materiais. Inflacionamos a cabeça e deixamos mirrar o coração.

É no coração que habitam os sentimentos profundos do amor, da amizade e da compaixão; são dos impulsos do coração que nos vem a coragem de enfrentar obstáculos e de compartir a paixão de nosso semelhante.

A razão intelectual, irrenunciável para ordenar racionalmente o mundo, possui apenas 5-7 milhões de anos, quando surgiu em nós o cérebro neocortical. A razão sensível, também chamada de cordial, veio à tona há quase duzentos milhões de anos, quando surgiram no processo cosmogênico os mamíferos. Estes possuem o cérebro límbico, sede do afeto, da sensibilidade, do cuidado e do amor. Quando um mamífero dá à luz sua cria, cerca-a de carinho e cuidado.

Nós esquecemos que pertencemos a essa linhagem; somos fundamentalmente seres que sentem, que são afetados por outros e que afetam. Somos portadores do *pathos* mais ancestral do que o *logos*. Ocorre que o método científico da Modernidade colocou sob suspeita a razão sensível em nome da objetividade da investigação científica. A nova epistemologia nos mostrou, entretanto, que essa objetividade não existe; todo conhecimento vem imbuído de interesses (J. Habermas). O sujeito que conhece se acerca do objeto do conhecimento com suas ideias, visões de mundo, projeções. Sujeito e objeto estão sempre imbricados, como o demonstrou a física quântica.

Hoje se faz urgente o resgate da razão sensível (cf. MAFFESOLI, M. *Elogio da razão sensível*, 1998. • BOFF, L. *Os direitos do coração*, 2016). Ela não substitui nem diminui a razão intelectual; completa-a e faz com que a ciência se faça com consciência, mais em função da vida do que do mercado visando lucros financeiros.

Sem a razão sensível ou cordial dificilmente sentiremos Deus como uma experiência viva, repleta de sentido e que nos leva a nos compadecermos dos sofredores, a cuidarmos da vida e a potenciarmos a biocapacidade da Mãe Terra, ferida e crucificada. Por um amor que nasce da razão cordial nos engajamos para tornar habitável e inclusiva para todos a nossa Casa Comum, a Mãe Terra.

# 7

## Quais nomes devem ser dados à emergência de Deus na cosmogênese

Resgatada a inteligência cordial e abertos a perceber a emergência de Deus de dentro de todas as coisas, sentimos a necessidade de dar nomes a essa Presença inefável. Sabemos que representa uma ousadia humana dar um nome ao Sem-nome. Mas um impulso interior nos leva a inventar nomes e mais nomes, todos expressões de nosso amor e de nossa reverência.

O primeiro nome que nos vem à mente é *Ser Primeiro, Vivo e Verdadeiro*, que eternamente está aí, fonte geradora de todos os entes. Por que Ele é e existe, e não o nada? Esta pergunta, que atormentou Leibniz (1646-1716) e Heidegger (1889-1976), não tem resposta; porquanto ela só é possível porque efetivamente constatamos que o ser tem a prevalência sobre o nada. Se houvesse o nada nós nem estaríamos aqui para perguntar por ele.

Outro nome é *Espírito Criador*. Espírito representa uma das palavras mais grandiosas de nossa linguagem, pois carrega praticamente todos os sentidos positivos, como criatividade, ordem, inteligibilidade e luz. Ele criou tudo do nada e o pôs em marcha.

Um terceiro, pois é uma constante cosmológica, é *Relação Viva*. Tudo está relacionado com tudo, porque a Realidade Suprema é essencialmente relação substancial, comunhão de vida e de amor. É ela que, presente em todas as coisas, as conecta e reconecta, liga e re-liga, constituindo a assim chamada *Matriz Relacional*, fora da qual não existe.

Além de Ser Primeiro e Fonte de todo Ser, Deus se apresenta como Amor Infinito e Eterno, tão decantado por Dante Alighieri (1265-1321) na *Divina Comédia*, ao concluir que *"L'amor che move il sole e l'altre stelle"* ("O amor que move o sol e as outras estrelas" – final do Cântico do Paraíso). E eu acrescentaria: que move também o nosso coração. O amor, naturalmente, é, como diziam os escolásticos, *diffusum sui*, vale dizer, se difunde e se esparrama por si mesmo.

O universo e o sentido de nossa existência encontram sua suprema realização e felicidade na vivência do amor. São belas e profundas as reflexões de Grün sobre o amor, especialmente com referência ao texto da primeira Carta de São João: "Deus é amor, e quem permanece no amor permanece em Deus e Deus permanece nele" (1Jo 4,16). Essa compreensão é aprofundada no Evangelho de São João onde se diz: "Quem me ama observa as minhas palavras; meu Pai o amará e nós iremos a ele e faremos nele nossa morada" (Jo 14,23). Deus, portanto, está em nós de forma permanente, como quem mora.

Esse amor habita também o universo. É por amor que todas as coisas e as estrelas se atraem mutuamente e nós nos sentimos atraídos uns pelos outros, uma espécie de atuação da força gravitacional que atrai todos os seres e os mantém sempre unidos.

Esse amor pode ser traduzido por *Energia Originante*, feita de suprema consciência e pessoalidade, que deu origem a tudo.

É a *Energia-motor viva* que tudo anima, faz evoluir, estabelece as conexões, transforma o caos destrutivo em caos generativo e empurra tudo para frente.

É a *Energia-grande-atrator* que atrai todas as energias e todos os movimentos cósmicos para uma suprema convergência, ao Ponto Ômega do qual fala Pierre Teilhard de Chardin.

Por fim, por nos faltar palavras, essa Realidade é *Mistério*, velado e revelado, conhecido e desconhecido, e que fica sempre mistério em cada revelação e em cada conhecimento (cf. JÜNGEL, E. *Gott als Geheimnis der Welt*, 1977). Em cada instante e eternamente se autorrevela em infinitas dimensões que também para Ele são revelações insuspeitadas. Caso contrário, seria um Mistério estático e não vivo, mas aberto para um futuro que Ele mesmo vai autoprojetando.

Assim, por exemplo, na fé cristã da encarnação do Deus-Filho, esse Mistério se tornou aquilo que Ele nunca fora antes. Fez-se carne (Jo 1,14). Ele conheceu um fazer-se. Esse fazer-se é seu movimento infinito e eterno. Deus se mostra então como o Futuro absoluto, sempre sendo realizado e sempre por fazer, infinita e eternamente.

Abrir-se a esse Mistério é descobrir o próprio mistério como ser humano, sempre conhecido e sempre por conhecer, pois se apresenta no processo evolucionário como um projeto infinito, de virtualidades e possibilidades sem limite. O mistério do ser humano se perde para dentro do Mistério de Deus ou do Deus do Mistério.

# 8

# Tudo em Deus e Deus em tudo

Deus emerge do universo porque permanentemente está dentro dele, como Criador, Sustentador, Relacionador, Motor a animar o cosmos ainda em gênese. Ele está inserido em cada processo e em cada passo. É a imanência no Criador em cada criatura.

Mas o inverso é igualmente verdadeiro: cada criatura está presente dentro do Criador. Preservada a diferença entre Criador e criatura, ambos se interpenetram e estão em permanente comunhão. A tradição teológica cristã criou uma expressão de difícil tradução: a *pericórese* entre Deus e o mundo. Pericórese significa a interpenetração do Criador com a criatura de tal forma que não vigora apenas a Transcendência divina face à Imanência da criação (um não é o outro). Esta presença de um no outro traz à tona a *Transparência*, categoria intermediária entre Transcendência e Imanência. Trata-se da

Transparência dentro da Imanência, fazendo com que o Criador e a criatura sejam transparentes um ao outro: vendo um se vê simultaneamente o outro.

A isso os teólogos modernos chamaram de *panenteísmo*. Filologicamente se expressa assim: *pan* (tudo), *en* (em), *teós* (Deus), o *mos* é a terminação de um substantivo. Literalmente significa: tudo está em Deus e Deus está em tudo. Não há um fora, mas uma interpenetração de ambos. Que não se diga que isso seja *panteísmo*. Este não distingue Criador e criatura, identifica ambos. Tudo seria Deus: esta mesa sobre a qual escrevo, este aparelho com o qual trabalho. Tudo seria indistintamente Deus; o que seria um erro filosófico, pois haveria apenas a identidade sem a diferença.

O *panenteísmo*, que não deve ser confundido com o *panteísmo*, afirma a diferença – um não é o outro –, mas enfatiza a recíproca e íntima relação que permite a coexistência e a convivência dos diferentes que se unem no amor, na relação sem distância e sem um abismo que os separa. Esse amor que tudo une vem bem comprovado por Grün nos belos textos trazidos da tradição patrística.

São Paulo bem o expressou ao dizer: "Em Deus nós vivemos, nos movemos e existimos" (At 17,28). O grande físico norte-americano David Bohm (1917-1992) que, perseguido pelo McCarthismo nos Estados Unidos, viveu de 1951 a 1955 no Brasil, chegando a naturalizar-se brasileiro, tornou-se também um místico. A propósito da presença do divino no universo gostava de citar o pequeno poema do tipógrafo, poeta e místico inglês William Blake (1757-1827):

> Ver o mundo num grão de areia
> E o paraíso numa flor do campo
> Segurar o infinito na palma da mão
> E a eternidade numa hora.

# 9

# Deus-relação: razão da universal relação de todos com todos no universo

A natureza relacional do universo, constituído de redes e de campos de conexões de todos com todos, nos remete ao modo cristão de nomear Deus. O cristianismo afirma o monoteísmo, mas é de caráter especial, diverso daquele judaico e muçulmano. É um monoteísmo pós-trinitário. A originalidade do credo cristão é professar que Deus não é a solidão do Uno (monoteísmo puro), mas a infinita Comunhão dos divinos Três: Pai, Filho e Espírito Santo (monoteísmo trinitário).

São três Pessoas divinas eternamente inter-retro-relacionadas de forma tão radical e profunda, que constituem uma única Realidade Fontal, dinâmica, feita de amor, de reciprocidade, de interpenetração. Santo Agostinho (354-430) foi quem mais aprofundou esse mistério. Em seu longo tratado *De Trinitate*, diz belamente: "Cada Pessoa divina está em cada uma das outras, todas em cada uma, cada uma em todas, todas em todas e todas são somente um" (*De Trinitate*, VI, 10, 12).

Não se trata de três "Deuses" ou mesmo de três modos de se mostrar a Última Realidade. Isso constituiria o triteísmo ou o modalismo. A Trindade seria a soma de 1+1+1=3. Não é isso. Ocorre que na Trindade cada Pessoa é única: o Pai é único, o Filho é único e o Espírito Santo é único. Os únicos não se somam porque não são números que possam ser somados. O que existe, e aqui reside a singularidade desta compreensão: os Únicos emergem simultaneamente desde toda a eternidade. Surgem, a partir de sua natureza profunda, sempre relacionados uns com os outros, entrelaçados numa conexão de amor e de bondade sem medida e sem limite. É um Deus-Trindade sempre em processo de comunhão, de recíproca entrega e coexistência; sempre cada Pessoa saindo em direção da outra e todas se envolvendo, fazendo que haja um único movimento dialético que é o Deus-relação-comunhão-amor.

A ecologia moderna encontra aqui a expressão da estrutura básica do universo. Se Deus-Trindade é "uma relação substancial" em sua natureza mais íntima, esta natureza se irradia em toda a cosmogênese. O universo compõe-se de jogos de relação, e ninguém está fora dessa dança divina.

O Papa Francisco, em sua encíclica ecológica, tira as consequências da natureza trinitária do Deus cristão, afirmando:

> "Para os cristãos, acreditar num Deus único que é comunhão trinitária, leva a pensar que toda a realidade contém em si mesma uma marca propriamente trinitária (p. 239). "As Pessoas divinas são relações subsistentes; o mundo criado segundo o modelo divino é uma trama de relações. As criaturas tendem para Deus; e é próprio de cada ser vivo tender, por sua vez, para outra realidade, de modo que, no seio do universo, podemos encontrar uma série inumerável de relações constantes que secretamente se entrelaçam [...]. Tudo está interligado e isso nos convida a maturar uma espiritualidade da solidariedade global que brota do mistério da Trindade" (p. 240).

Porque Deus é relação, tudo no universo está relacionado com tudo em cada ponto e em cada momento. A espiritualidade ecológica cria em nós um olhar mediante o qual entrevemos, em todas as coisas que coexistem e se relacionam, um sinal da presença da Trindade.

# 10

## O Cristo emergindo das energias e da matéria do universo

Os cristãos professam que o Filho de Deus se fez humano, frágil e mortal. Pensando em termos cosmológicos e antropogênicos, sua realidade foi sendo preparada ao longo dos bilhões de anos, desde o *big bang*, passando pelas estrelas vermelhas, nas quais se formaram todos os elementos que entram também na composição de nossa realidade terrena.

Em outras palavras, o ferro que correu pelas veias de Jesus, o fósforo e o cálcio que fortificaram seus ossos, o sódio e o potássio que propiciaram a transmissão de sinais entre seus nervos e entre os bilhões e bilhões de neurônios de seu cérebro, o oxigênio que compôs 65% de seu corpo e o carbono que compôs outros 18%: tudo isso constitui a realidade cósmica de Jesus, o Nazareno.

Foi São Paulo quem mais especulou sobre a dimensão cósmica do Filho encarnado e ressuscitado, a ponto de dizer que Ele é o ponto de encontro de todas as criaturas que "foram criadas por Ele" (Cl 1,16); é como a cabeça de todas as coisas, englobando e recapitulando tudo (Ef 1,10). Tomado de entusiasmo, chega a dizer que "Ele é tudo em todas as coisas" (Cl 3,11). São João vai na mesma linha ao dizer que "todas as coisas foram feitas por Ele e sem Ele nada se fez de tudo o que foi feito" (Jo 1,3).

Por essa razão, Pierre Teilhard de Chardin (1881-1955), que compatibilizou a fé crista com uma visão evolucionista da realidade, sustenta que "Cristo é o centro orgânico do universo, que mantém suspenso todo o desenvolvimento do universo" (cf. *Note sur le Christ Universel*, 1920, t. IX, p. 39).

O grande filósofo G. Leibniz (1646-1716) atribui a Cristo a função de "vínculo substancial" que "penetra, transforma e unifica toda a matéria" (cf. BOFF, L. *O evangelho do Cristo cósmico*, 2008, p. 113).

Maurice Blondel (1861-1949), outro eminente filósofo, deixou-se fascinar também pela dimensão cósmica de Cristo e segue fundamentalmente a intuição de Leibniz, projetando o que ele chamou de "um pancristismo", um Cristo que tudo recobre e engloba, que é o *Vinculum vinculorum* (o Vínculo dos vínculos) que tudo mantém em conexão e conduz a uma suprema convergência (cf. a bibliografia em BOFF, L. *O evangelho do Cristo cósmico*, p. 113-115).

Talvez nada expressou melhor essa percepção cósmica de Cristo, especialmente a partir da ressurreição, do que um texto do paleocristianismo conservado no Evangelho Copta de São Tomé, no seu famoso ágrafo 77. Ali Cristo diz: "Eu sou a luz que está sobre todas as coisas. Eu sou o universo: o universo saiu de mim e o universo retornou a mim. Rache a lenha, e eu estou dentro dela. Levante a pedra, e eu estou debaixo dela. Porque eu estarei convosco todos os dias até o fim dos tempos" (JEREMIAS, J. *Unbekannte Jesuworte*, 1963, p. 100).

Traduzindo em termos do cotidiano, diríamos: sempre estamos em contato com o Cristo cósmico, seja fazendo os mais humildes trabalhos como rachar lenha e levantar pedras, seja festejando sua presença em uma celebração eucarística. Sentir tais realidades, e não apenas sabê-las e pensá-las, constitui uma espiritualidade da presença cósmica de Cristo.

Nesse contexto espiritual vale lembrar *La messe sur le monde* (1923), de Teilhard de Chardin, quando, no imenso deserto chinês, Tobi, em dia de Páscoa, viu-se impedido de celebrar missa. Então comovedoramente rezou:

> Já que hoje, Senhor, eu, vosso sacerdote, não tenho nem pão, nem vinho, nem altar, estenderei as mãos sobre a totalidade do universo e tomarei sua imensidade como

matéria de meu sacrifício. O círculo infinito das coisas não é a hóstia definitiva que vós quereis transformar? O cadinho fervente em que se misturam, em que fervem as atividades de toda substância viva e cósmica, não é o cálice doloroso que vós desejais santificar? Que ela se repita, hoje ainda e amanhã e para sempre, enquanto a transformação não se completar inteiramente, a Divina Palavra: *Hoc est corpus meum*, isto é o meu corpo" (cf. BOFF, L. *Ecologia: grito da Terra, grito dos pobres,* 2015, p. 372).

# 11

# O Espírito que sempre faz brotar o novo

Das reflexões levadas a cabo até agora deve ter ficado claro que o universo é atravessado por toda sorte de energias em distintos níveis de densidade e de complexificação. Sua forma mais excelente e reveladora se realiza no fenômeno da vida; singularmente, na vida humana.

A vida em si não estaria apenas sobre a Terra. A própria Terra seria viva e produtora de vida, como os modernos o demonstraram, chamando-a de Gaia ou de Pacha Mama, o Tonantzin, pelos povos originários da América Latina.

Os cristãos possuem uma figura para expressar a explosão da vida no universo, que é a Pessoa do Espírito Santo. Ele é visto como o *Spiritus Creator* e o vivificador de tudo o que tem a ver com a vida. Como bem e de forma mais detalhada o expõe Grün, o Espírito comparece como a grande força curadora de tudo o que está distorcido em nós e o eleva a seu estado melhor.

É Ele que suscita a indignação dos profetas, a inspiração dos poetas, a criatividade dos artistas, a liderança carismática que move multidões e que anima os simples fiéis a viverem no amor, na solidariedade e no bem. Por fim, é Ele que enche o nosso coração de entusiasmo.

O Papa Francisco, em sua Encíclica *Como cuidar da Casa Comum*, enfatiza acertadamente que "o Espírito de Deus enche o universo de potencialidades que permitem que do próprio seio das coisas possa brotar sempre algo de novo" (p. 80).

Realmente, Ele estava no primeiro momento da criação, estava na nova criação inaugurada pela ressurreição de Jesus, atuou no nascimento da primeira comunidade dos seguidores de Jesus. Nunca esteve ausente nos grandes momentos de transformações históricas nas sociedades humanas e de renovação das igrejas e comunidades espirituais.

Suscitou santos e santas, mártires e confessores da fé. Animou a caminhada dos cristãos com testemunhos de vidas exemplares de leigos e leigas e de simples pessoas que falam palavras de sabedoria, sob sua inspiração.

Assim como o Filho se enraizou no processo cosmogênico e penetrou na matéria, de forma análoga o Espírito mergulhou nos meandros da história. Escolheu uma simples mulher do povo, Míriam de

Nazaré, para morar definitivamente nela e elevá-la à altura do divino (Lc 1,35), divinizando para sempre o feminino (cf. BOFF, L. *O Espírito Santo*, 2013, p. 171-173).

Há uma antiga tradição que mostra a inserção do Espírito nas várias fases da criação: "O Espírito dorme na pedra, sonha na flor, acorda nos animais e sabe que está acordado no ser humano" (cf. KAISER, R. *Gott schläft im Stein*, 1990, p 86).

Um dos mais eminentes teólogos que tratou da relação do Espírito com o cosmos, Jürgen Moltmann, escreveu acertadamente:

> A presença de Deus penetra todo o universo. Deus não é somente o Criador do mundo, é também o Espírito do universo. Através das forças e das possibilidades do Espírito, o Criador faz morada em suas criaturas, vivificando-as, mantendo-as na sua existência e as conduzindo para o futuro do seu Reino. Nesse sentido, a história do universo, da criação, é a história dos efeitos do Espírito Divino (cf. *Doutrina ecológica da criação*, 1993, p. 33).

No momento em que o Espírito ganhará a hegemonia contra todas as formas inimigas da vida, então se realizará o sonho do Profeta Isaías: "O deserto se tornará vergel e uma floresta; no deserto habitará a paz e a obra da justiça será a tranquilidade e a segurança para sempre" (Is 32,15-17).

Nos tempos sombrios em que vivemos, deixemos ressoar em nós as palavras consoladoras do Apocalipse: "O Espírito e a Esposa dizem: Vem! E quem escutar [como nós], que repita: Vem. E quem tiver sede [como todos nós], venha. E quem quiser receba gratuitamente a água da vida" (Ap 22,17). Vem, Espírito Criador! Vem e salva-nos!

# 12

## O encontro com o Deus sem nome

Todas as coisas possuem seu outro lado, inacessível aos olhos. É inegável que vigora um apelo em cada ser humano para desvendar o que se esconde naquele outro lado invisível. Há a percepção de que o invisível é parte do visível. Que este, o visível, não é tudo e não nos entrega toda a realidade; esse é maior e escapa de nossos sentidos.

Atrás da busca de uma realidade maior, assim nos parece, esconde-se o Deus abscôndito, sem nome, muitas vezes negado.

O ateísmo comparece como um fenômeno histórico, até imposto a todo um povo, como ocorreu no regime soviético e onde foi implantado o marxismo de versão materialista. A cultura moderna materialista e consumista usa frequentemente o nome de Deus, mas na verdade é fetichista, pois venera antes um ídolo (do crescimento ilimitado, do PIB alto, da moeda forte e da acumulação por ela mesma). É indigno chamar isso de Deus.

Nem por isso a questão da Última Realidade, radicalmente humana e também científica, fica anulada. Ela emerge na forma do mistério do mundo e do universo. Nesse sentido cabe referir o testemunho insuspeito de Albert Einstein:

> O mistério da vida me causa a mais forte emoção. Este sentimento suscita a beleza e a verdade, cria a arte e a ciência. Se alguém não conhece este sentimento ou não pode mais experimentar espanto ou surpresa, já é um morto-vivo e seus olhos se cegaram. Aureolada de temor, é a realidade secreta do mistério que constitui também a religião [...]. Deste modo e somente deste modo, sou profundamente religioso" (cf. *Como vejo o mundo* 1981, p. 12-13).

Quero abordar esta questão a partir de quem tem dificuldade em crer em Deus e até se confessa ateu. Deve ser respeitado em sua opção. Não raro, por trás do ateísmo se escondem profundas questões não respondidas sobre o sentido da vida, sobre a perversidade humana, como foi a Shoah judaica nos campos de extermínio nazista, de milhões de judeus.

Até o Papa Bento XVI ao visitar o campo de Auszchwitz-Birkenau, em 28 de maio de 2006, se colocou sinistras, mas verdadeiras perguntas: "Onde estava Deus naqueles dias? Por que Ele silenciou?

Como pôde tolerar esse excesso de destruição, esse triunfo do mal?"

Esse absurdo faz sofrer, mas não oferece qualquer resposta racional. Apenas ousamos dizer que sofremos com o Deus que também sofre com seus filhos e filhas sofredores.

A falta de resposta a tais questionamentos cria a base empírica de um eventual ateísmo, bem como de uma fé que se dá conta dos limites da razão. Deus, embora Pai e Mãe de bondade, pode ser aquilo que não entendemos.

Mas o importante não é discutir Deus, mas o que se esconde em termos de experiência naqueles que dizem crer em Deus. Talvez essa experiência seja compartilhada por muitos que se dizem ateus, mas aderem eticamente aos valores aí escondidos. Deus se faz anônimo, mas não ausente (cf. BOFF, L. *Experimentar Deus: a transparência de todas as coisas*, 2002).

Mas há uma pré-condição: estar atento a sinais, por onde o Deus anônimo pode se acercar, pois Ele nunca aparece se autoproclamando como Deus. Os poetas e os místicos sabem disso. Por isso, deixemos que eles falem.

O primeiro é um indígena Cherokee, o segundo, um poeta indignado italiano, mas religioso, David Turoldo, e o terceiro, um poeta-filósofo, conhecido por anunciar a morte de Deus, Friedrich Nietzsche. Leiamos seus testemunhos.

O primeiro texto, que nos vem de um indígena Cherokee:

> Um homem sussurou:
> – Deus, fale comigo!
> E um rouxinol começou a trinar. Mas o homem não prestou atenção. Voltou a perguntar:
> – Deus, fale comigo!
> E um trovão reboou pelo espaço. Mas o homem não deu importância. Perguntou novamente:
> – Deus, deixe-me vê-lo!
> E uma enorme lua brilhou no céu profundo. Mas o homem nem reparou. E, nervoso, começou a gritar:
> – Deus, mostra-me um milagre!
> E eis que uma criança nasceu. Mas o homem não se debruçou sobre ela para admirar o milagre da vida.
> Desesperado, voltou a gritar:
> – Deus, se você existe, me toque e me deixe sentir sua presença, aqui e agora.
> E uma borboleta pousou, suavemente, em seu ombro. Mas ele, irritado, a afastou com a mão. Desiludido e entre lágrimas, continuou seu caminho. Vagueando sem rumo. Sem nada mais perguntar. Só e cheio de medo (cf. *Jornal do Brasil Ecológico*, jun./2002, p. 46).

Deus veio sob pequenos sinais que escondiam e revelavam seu mistério. Mas não se prestou atenção nisso; não se fez a interrogação sobre o que tudo aquilo poderia significar. O resultado foi a solidão e o desenraizamento da realidade.

O segundo é de um poeta religioso italiano, David Turoldo (1916-1992), que tinha como lema "Ser no mundo sem ser do mundo" e que dialogava intensamente com os intelectuais de Milão, muitos deles ateus ou agnósticos.

> Meu irmão ateu:
> Tu que, ansioso, buscas um Deus que eu não
>     consigo te dar,
> Atravessemos, juntos, o deserto!
> De deserto em deserto
> Andemos para além de todas as florestas da fé,
> Livres e nus, rumo ao Ser nu.
> E ali onde a palavra morre,
> Tenha fim também o nosso caminho (*Canti Ultimi*, 1993, p. 205).

Aqui há um convite para um total despojamento de dogmas e de outras roupagens religiosas rumo ao nobre silêncio. Talvez por aí possa irromper uma Luz criadora. É esperar por Deus e alimentar a saudade do Infinito. Ela não será em vão.

O terceiro nos vem de um insuspeitado pensador, Friedrich Nietzsche (1844-1900), em um sugestivo poema que ele intitulou: *Oração ao Deus desconhecido*. Assim reza o poema:

> Antes de prosseguir o meu caminho
> E lançar o meu olhar para frente
> Uma vez mais elevo, solitário, minhas mãos a
> Ti, na direção de quem eu fujo.

A ti, das profundezas do meu coração,
Tenho dedicado altares festivos,
Para que em cada momento
Tua voz me pudesse chamar.

Sobre esses altares está gravada em fogo
Esta palavra: "ao Deus desconhecido".
Teu sou eu, embora até o presente
Me tenha associado aos sacrílegos.

Teu sou eu, não obstante os laços
Me puxarem para o abismo.
Mesmo querendo fugir
Sinto-me forçado a servi-lo.

Eu quero conhecer-te, ó Desconhecido!
Tu que penetras a alma
E qual turbilhão invades minha vida.
Tu, o Incompreensível, meu Congênito.
Quero te conhecer e a ti servir" (cf. *Die schönsten Gedichte von F. Nietzsche*, 2000, p. 11-12).

Aqui notamos um lamento por Deus, por seu conhecimento, pela Presença que tudo penetra, pelo ímpeto em servi-lo. Não é a fé serena de um piedoso, mas de um angustiado que busca o Desconhecido, seu congênito.

Por fim, ouso oferecer este poema menor com o título: *Vazio do tamanho de Deus*, proferido por ocasião da morte de um amigo que possuía uma infinita saudade de Deus, embora não pudesse crer em sua existência:

150

Sinto em mim um grande vazio
Tão grande, do tamanho de Deus.
Nem o Amazonas que é dos rios o rio
Pode enchê-lo com os afluentes seus.

Tento, intento e de novo tento
Sanar esta chaga que mata.
Quem pode, qual é o portento
Que estanca esta veia ou a ata?

Pode o finito conter o Infinito
Sem ficar louco ou adoecer?
Não pode. Por isso eu grito

Contra esse morrer sem morrer.
Implode o Infinito no finito!
O vazio é Deus no meu ser!

Estes poemas nascem da atenção profunda sobre o que acontece no cotidiano e no grito da experiência diante do vazio que reclama uma plenitude. Revelam também que, por mais dolorosa que seja a experiência, ela possui algo gratificante: nunca estamos sós; uma Presença inefável nos acompanhava. Mas ela é misteriosa e nem sempre se deixa sentir. Somos parte de um Todo que nos desborda por todos os lados.

Para acedermos a essa experiência da qual irrompe o que ousamos chamar de Deus, precisamos superar o *esprit de géométrie* de que falava Blaise Pascal: ir além do espírito que compreende os fenômenos pela rama, os calcula, os manipula e os insere no jogo dos saberes da razão instrumental-analítica e também dos interesses humanos. Esse espírito de cálculo pensa sobre Deus, mas não sente Deus.

Precisamos da inteligência sensível, de outro espírito, do *esprit de finesse*, de finura, de cordialidade, de cuidado, de encantamento e de veneração. Esse espírito de cortesia *sente* Deus no fundo do coração. Esse mesmo Pascal (1623-1662) escreveu: "É o coração que sente Deus, não a razão" (*Pensées*, frag. 277).

Mas há um lugar infalível onde encontramos o Deus anônimo: lá onde se vive o amor, se pratica a justiça, existe a compaixão para com os sofredores e se exerce o perdão. Quantos são os que negam Deus e vivem tais valores. Sob esses valores se esconde e se faz presente o Deus vivo e verdadeiro. Bem o disse um dos maiores teólogos do século XX, o francês Henri de Lubac (1896-1991):

> Se eu falto ao amor ou se falto à justiça, afasto-me infalivelmente de Vós, Senhor, e meu culto não é mais do que idolatria. Para crer em Vós devo crer no amor e crer na justiça. Vale mil vezes mais crer nestas coisas do que pronunciar vosso nome. Fora delas é impossível que eu alguma vez vos possa encontrar. Aqueles que os tomam por guia estão sobre o caminho que os conduz a Vós, Senhor" (*Sur les chemins de Dieu*, 1956, p. 125).

Segundo estes critérios que são evangélicos, podemos dizer que há muitos católicos e evangélicos, mas poucos cristãos autênticos e adoradores do Deus do amor e da justiça. Não raro têm Deus em seus lábios, frequentam cultos, mas são corruptos, ladrões de dinheiro público e opressores dos pobres. O Deus de que falam não passa de um fetiche que não escuta as orações nem fala aos corações. E quantos são aqueles que, dizendo-se ateus – mas ateus éticos –, se empenham em orientar suas vidas por tais valores. Anonimamente servem a Deus, e Ele habita secretamente em seus corações.

Por fim, os que cremos e não cremos, nutrimos um profundo sentimento de pertença ao Todo no qual estamos inseridos. Nunca estamos desgarrados. Uma Presença inefável, misteriosa e amorosa nos acompanha, sustentando todo o universo e cada coisa dentro dele.

Não será por isso que nunca deixaremos de perguntar por Deus, século após século? Não será por isso que sempre arderá o nosso coração? Não seria o advento dele, do sem Nome, do Nu, do Mistério que nos habita? Estamos seguros que é Ele, quando não sentimos mais medo, mas coragem de viver e de lutar para que predomine um mundo minimamente humano, justo, no qual o amor e a convivência entre todos sejam possíveis: eis a base para uma singela felicidade, concedida aos filhos e filhas de Adão e Eva.

# Conclusão
# O Deus *intimior intimo meo*:
# o Deus da minha mais
# profunda interioridade

A expressão *intimior intimo meo* (mais interior a mim do que a minha própria interioridade) nos vem de Santo Agostinho de Hipona (354-430) – hoje Annaba, na Argélia –, um dos mais audaciosos e angustiados procuradores de um Deus sempre maior – *superior sumo meo* (superior à minha mais alta superioridade).

As reflexões que acabamos de fazer nos introduzirão na experiência do Deus interior. Mas não se trata da interioridade, própria da Modernidade e da mera subjetividade, desconectada do mundo e do universo que nos cerca.

A visão da nova ciência ecológica não nos permite mais nos sentirmos como "uma outra coisa", acima de todas as demais, com o direito de sermos "seus mestres e os donos" (Descartes) de tudo o que está ao alcance de nossa mão. Olhávamos a partir do alto, de Deus, e não a partir de baixo, da Terra, como no-lo recorda o Papa Francisco em sua encíclica ecológica, logo no início: "Esquecemo-nos de que nós mesmos somos Terra (cf. Gn 2,7); o nosso corpo é constituído pelos elementos do planeta, o seu ar permite-nos respirar e a sua água vivifica-nos" (p. 2).

Precisamos mudar de lugar, do celestial para o cósmico. Viemos de baixo através de um longo processo de evolução, onde todos os elementos concorreram para que nós irrompêssemos na Terra, quando ela já estava em 99,98% pronta e acabada.

Essa visão, repetimos, comporta grandes transformações que definirão nossa espiritualidade.

Primeiramente nos destrona como seres superiores, acima e fora dos outros. Somos um elo da cadeia da vida, um elo ético, mas um momento da teia da vida.

Em seguida importa deixar definitivamente para trás o antropocentrismo, segundo o qual nós humanos concentrávamos todo tipo de valor e os demais seres só contavam na medida em que se ordenavam ao nosso uso e serviço. Grande ilusão e injustiça. Cada ser tem um valor intrínseco, possui o seu lugar no todo, emite a sua mensagem para todos e convive conosco na mesma comunidade cósmica e terrenal.

Por fim, a Terra e o universo são nossos mestres e doutores, pois nos revelam o sagrado que se revela pelo respeito e pela unção suscitados em nós quando nos abrimos e entramos em comunhão com o Todo. O primeiro livro, sempre válido, da revelação de Deus, é a criação. Ela sempre nos deu e ainda dá sábias lições. Pelo fato, porém, de termos perdido o alfabeto que nos permitia ler as mensagens aí inscritas, Deus, em sua bondade, nos deu os livros sagrados, próprios de cada cultura – na nossa, a Bíblia hebraico-cristã –, mediante os quais reaprendemos a ler o livro da criação.

Já não nos atemos apenas às categorias transcendência e imanência, próprias da filosofia grega, mas de transparência de todas as coisas ao divino e ao sagrado. Todos somos ecocentrados e inter-retro-relacionados. Deus habita dentro de nossa mais profunda interioridade.

Hoje, estamos convencidos de que não existe uma prova científica da existência de Deus – Deus não é da ordem da demonstração –, mas existe sim, com os dados da nova ciência cosmológica, um ponto de apoio científico para as concepções propostas pelas religiões com referência à percepção do Vazio fecundo, do caráter inefável e misterioso da Energia de Fundo e da Fonte Originária de todo o Ser. Nessa direção deve ser pensada a experiência pessoal de Deus.

A experiência primordial resulta de nossa própria existência. Não há razão alguma para existirmos e estarmos aqui. E, contudo, estamos aqui, na gratuidade do puro existir. Esse fato possui o caráter de mistério. Quem nos colocou aqui? Mesmo sendo fruto de um oneroso trabalho cósmico, Alguém nos quis, nos amou, preparou-nos um berço com tudo o que precisávamos para viver.

Podemos usar a expressão de Jesus, que traduziu sua experiência de Deus, chamando-o de *Abba, paizinho querido*. É a linguagem infantil para os pais ou os avós, mas que revela a profunda intimidade com o Originador da existência: um Deus, Pai e Mãe de infinita bondade e ternura. Sim, Deus, o sem-nome, ganha aqui um nome de nosso amor. E sentimo-nos dia a dia na palma de sua mão.

Não apenas existimos. Sentimo-nos carregados de energia e de vigor que torna a vida saudável e apetecida. Deus é o *Doador de vida*, aquele que se apresentou como "o soberano amante da vida" (Sb 11,26). Dele recebemos a vida com sua pujança e com todas as energias que a tornam vital.

Escreveu Thomas Berry (1914-2009), antropólogo que trabalhou por anos com o cosmólogo Brian Swimme:

> Sentimos que somos carregados pela mesma energia que deu origem à Terra, que lançou as galáxias no espaço sideral, que fez surgir o Sol e colocou a Terra em sua órbita. Esta é a mesma energia que suscitou uma forma especial de vida, que é a consciência humana. Por definição somos aquela realidade pela qual a

Terra inteira alcançou a consciência reflexiva. Nós mesmos somos uma qualidade mística da Terra, o princípio unificador e integrador das várias polaridades, do material e do espiritual, do físico e do psíquico, do natural e do artificial, do intuitivo e do científico. Somos a unidade de todas estas diversidades [...]. Enfim, estamos mergulhados num oceano de energia para além daquilo que podemos imaginar. Em última instância, essa energia nos pertence, não pela apropriação e pela dominação, mas pela invocação (cf. *The Great Work: our way into the future*, 1999, p. 174-175).

Como se pode depreender, se tudo é energia, nós somos especialmente imbuídos de energia vital, espiritual, cósmica. É através de nós que a Terra e o próprio universo se tornam conscientes e eles também, a seu modo, se remetem à Fonte sagrada de toda energia. Essa Energia que nos torna vivos é outro nome para Deus e para outros nomes assemelhados.

A constatação de que somos fundamentalmente energia nos remete a uma experiência bem-elaborada pela tradição grega e que nos é também familiar. É a palavra *entusiasmo*. Filologicamente é uma composição de *en* + *theós* + *mós*. Ela significa "ter um Deus dentro", sentir o "Deus interior".

Ora, a experiência do *entusiasmo* é uma das mais vitais em nós. É por ele que assumimos uma família, cuidamos dos filhos e filhas, escolhemos um trabalho, nos fazemos responsáveis. É o entusiasmo que toma o poeta para dar forma a sua inspiração, e o artista para compor a sua obra. É por causa do entusiasmo que enfrentamos tarefas desafiadoras e arriscamos a própria vida. É ele que faz o trabalhador levantar cedo e conquistar pelo trabalho tudo o que ele e sua família precisam.

Essa energia que não controlamos, mas que nos toma, é a presença ativa do Deus interior. Cultivar o entusiasmo, não permitir que as adversidades da vida não o debilitem é manter viva a presença de Deus.

Deus se revela em nós pelas mais diversas formas. Vejamos esta outra. Somos seres de *desejo*, feitos de *sonhos* e habitados por *utopias*. Somos seres de esperança, voltados para o futuro a ser construído.

Ernst Bloch (1885-1977), filósofo de formação marxista, viu claro que a esperança é mais do que uma virtude. É um *princípio*, vale dizer, uma fonte geradora permanente de atos e atitudes, uma energia interior que nos leva continuamente a levar avante a vida com seus projetos e, uma vez caídos, a nos levantar e a recomeçar.

O *princípio esperança* é fonte de utopias. Estas não são vazias; pertencem à realidade, no seu lado potencial e virtual. São elas que dão sentido à vida e nos fazem avançar na direção de um horizonte cada vez mais vasto. Sem uma utopia uma socieda-

160

de se afunda no lodaçal dos interesses corporativos e menores. A utopia sempre deslancha energias poderosas que sustentam nossos ideais, nos fazem caminhar e nos levam a praticar atos, diríamos, impossíveis. A estrutura do desejo projeta sempre um futuro. Entendemos Deus como o Futuro absoluto, aquele Grande Atrator, Ponto Ômega para o qual tendemos irrefragavelmente.

Entranhar-se nessa esperança e avivar permanentemente o princípio esperança nos faz sentir Deus presente em nossa vida e em nossas atividades, mesmo as mais cotidianas.

Consideremos outra experiência possível do Deus interior. Se tudo no universo é relação e o próprio Deus cristão se apresenta como um Ente relacional entre três divinas Pessoas – Pai, Filho e Espírito Santo –, é natural que o próprio ser humano, "imagem e semelhança de Deus" surja como um ser de relação.

Em 1845, Karl Marx (1818-1883) escreveu suas famosas *11 teses sobre Feuerbach*, publicadas somente em 1888 por Engels. Na sexta tese Marx afirma algo verdadeiro, mas reducionista: "A essência humana é o conjunto das relações sociais". Efetivamente, não se pode pensar a essência humana fora das relações sociais; mas ela é muito mais do que isso, pois resulta do conjunto de suas relações totais.

Descritivamente, sem querer definir a essência humana, ela emerge, à semelhança da Trindade, como um *nó de relações* voltado para todas as direções: para baixo, para cima, para dentro e para fora. É como um rizoma, aquele bulbo cujas raízes se estendem em todas as direções. E o ser humano se constrói na medida em que ativa esse complexo de relações; não somente as sociais, mas também as totais.

Em outros termos, o ser humano se caracteriza por surgir como um sistema aberto, uma abertura ilimitada: para si mesmo, para o mundo, para o outro, para a totalidade e para a Última Realidade.

Sente em si uma pulsão infinita, embora encontre somente objetos finitos. Daí a sua permanente implenitude e insatisfação. Não se trata de um problema psicológico que um psicanalista ou um psiquiatra possa curar. É sua marca distintiva, ontológica, e não um defeito. Ele emerge como um projeto infinito, projeto feito de relações, e nisso se alinha à natureza relacional do universo e da Trindade.

Sentir-se ser de relações, alimentar relações as mais includentes possíveis, é experimentar a Matriz Relacional Última que nós chamamos Deus. Como somos seres sociais, enovelados em relações de toda ordem, temos a oportunidade de conscientemente sentir a presença inefável do Deus-jogo-de-relações-de-amor-e-de-comunhão.

Não poderia concluir esta seção sem uma especial referência ao patrono da ecologia, São Francisco de Assis (1182-1226) e sua experiência singular de Deus no meio das criaturas e em sintonia com todo o universo ("O senhor Irmão Sol, a Irmã Lua" etc.). O Papa Francisco, em seu texto de ecologia integral, o apresenta como "o exemplo por excelência do cuidado pelo que é frágil e por uma ecologia integral, vivida com alegria e autenticidade [...]. O seu coração era universal" (p. 10). Os textos biográficos da época (São Boaventura, Tomás de Celano e a Legenda Perusina) relatam "como dava a todas as criaturas – por mais desprezíveis que parecessem – o doce nome de irmãos e irmãs" (SÃO BOAVENTURA. *Legenda Maior*, VIII, 6). No seu famoso *Canto di Frate Sole*, no qual canta todas as criaturas, uniu a ecologia exterior com a ecologia interior, em uma síntese que ficou modelar. Estabeleceu uma aliança com as raízes mais profundas da Terra e com as estrelas mais distantes, fazendo que testemunhassem a beleza e a humildade de Deus, que se fez presépio, pão santo e vinho consagrado.

Ele nos deixa um legado de grande atualidade para os dias de hoje, como o enfatizou o Papa Francisco, o de "falar a língua da fraternidade e da beleza na nossa relação para com o mundo [...]. A pobreza e a austeridade de São Francisco não eram simplesmente um ascetismo exterior, mas algo mais radical: uma renúncia a fazer da realidade um mero objeto de uso e de domínio" (p. 11). Convivia com todas as coisas em profunda irmandade universal.

Cabem as palavras sábias do grande historiador inglês Arnold Toynbee (1889-1975), em sua última entrevista antes de morrer:

> Para mantermos uma biosfera habitável pelos próximos dois mil anos teremos que começar a seguir o exemplo de São Francisco, o melhor de todos os homens que já viveu no Ocidente. O exemplo deixado por São Francisco deve ser imitado de coração por nós porque ele é o único que pode salvar a Terra (*Jornal ABC* Madrid, 19/12/1972, p. 11).

Efetivamente, São Francisco nos mostrou que não precisamos ser o satã da Terra, mas o anjo bom que protege todos os seres porque os vê como irmãos e irmãs dentro da Grande Casa do Pai e Mãe de bondade. É esta atitude, terna e fraternal, que pode efetivamente nos salvar.

# Textos do autor sobre o tema

*Uma ética da Mãe Terra* – Como cuidar da Casa Comum. Petrópolis: Vozes, 2016.

*Os direitos do coração*. São Paulo: Paulus, 2016.

*Ecologia, ciência e espiritualidade*. Rio de Janeiro: Mar de Ideias, 2015.

*A Terra na palma da mão*. Petrópolis: Vozes, 2015.

*Espiritualidade:* caminho de transformação. Rio de Janeiro: Mar de Ideias, 2015.

*Há esperança para a criação ameaçada?* [com Jürgen Moltmann]. Petrópolis: Vozes, 2014.

*Saber cuidar* – Ética do humano; compaixão pela Terra. Petrópolis: Vozes, 2014.

*O Espírito Santo*. Petrópolis: Vozes, 2013.

*O cuidado necessário*. Petrópolis: Vozes, 2013.

*O despertar da águia*. Petrópolis: Vozes, 2013.

*Sustentabilidade:* o que é e o que não é. Petrópolis: Vozes, 2012.

*O Tao da libertação* – Explorando a ecologia da transformação [com Mark Hathaway]. Petrópolis: Vozes, 2012.

*São Francisco de Assis:* ternura e vigor. Petrópolis: Vozes, 2012.

*Ética e ecoespiritualidade.* Petrópolis: Vozes, 2011.

*Cuidar da Terra, proteger a vida* – Como escapar do fim do mundo. Rio de Janeiro: Record, 2010.

*Opção Terra* – A solução da Terra não cai do céu. Rio de Janeiro: Record, 2009.

*Homem:* satã da Terra ou anjo bom. Rio de Janeiro: Record, 2008.

*Ecologia-mundialização-espiritualidade.* Rio de Janeiro: Record, 2008.

*Responder florindo.* Rio de Janeiro: Garamond, 2004.

*Do iceberg à Arca de Noé.* Rio de Janeiro: Garamond, 2002.

*Voz do arco-íris.* Rio de Janeiro: Sextante, 2000/2004.

*Ecologia:* grito da Terra, grito dos pobres. São Paulo/Petrópolis: Ática/Vozes, 1995/2015.

*Mística e espiritualidade* [com Frei Betto]. Rio de Janeiro/Petrópolis: Rocco/Vozes, 1994/2010.

*Ética e espiritualidade*. Petrópolis: Vozes, 1984/2013.

*O evangelho do Cristo cósmico*. Petrópolis: Vozes, 1971/2008.

## CULTURAL

Administração
Antropologia
Biografias
Comunicação
Dinâmicas e Jogos
Ecologia e Meio Ambiente
Educação e Pedagogia
Filosofia
História
Letras e Literatura
Obras de referência
Política
Psicologia
Saúde e Nutrição
Serviço Social e Trabalho
Sociologia

## CATEQUÉTICO PASTORAL

**Catequese**
Geral
Crisma
Primeira Eucaristia

**Pastoral**
Geral
Sacramental
Familiar
Social
Ensino Religioso Escolar

## TEOLÓGICO ESPIRITUAL

Biografias
Devocionários
Espiritualidade e Mística
Espiritualidade Mariana
Franciscanismo
Autoconhecimento
Liturgia
Obras de referência
Sagrada Escritura e Livros Apócrifos

**Teologia**
Bíblica
Histórica
Prática
Sistemática

## VOZES NOBILIS

Uma linha editorial especial, com importantes autores, alto valor agregado e qualidade superior.

## REVISTAS

Concilium
Estudos Bíblicos
Grande Sinal
REB (Revista Eclesiástica Brasileira)
SEDOC (Serviço de Documentação)

## VOZES DE BOLSO

Obras clássicas de Ciências Humanas em formato de bolso.

## PRODUTOS SAZONAIS

Folhinha do Sagrado Coração de Jesus
Calendário de mesa do Sagrado Coração de Jesus
Agenda do Sagrado Coração de Jesus
Almanaque Santo Antônio
Agendinha
Diário Vozes
Meditações para o dia a dia
Encontro diário com Deus
Guia Litúrgico

CADASTRE-SE
**www.vozes.com.br**

**EDITORA VOZES LTDA.**
Rua Frei Luís, 100 – Centro – Cep 25689-900 – Petrópolis, RJ
Tel.: (24) 2233-9000 – Fax: (24) 2231-4676 – E-mail: vendas@vozes.com.br

UNIDADES NO BRASIL: Belo Horizonte, MG – Brasília, DF – Campinas, SP – Cuiabá, MT
Curitiba, PR – Fortaleza, CE – Goiânia, GO – Juiz de Fora, MG
Manaus, AM – Petrópolis, RJ – Porto Alegre, RS – Recife, PE – Rio de Janeiro, RJ
Salvador, BA – São Paulo, SP